Lady Stanhope

Du même auteur

Alexandra David-Neel, exploratrice et féministe, Tallandier, 2018 ; coll. « Texto », 2021. Coup de cœur de 50 libraires indépendants du groupe « Ensemble », sélection Bibliothèque Orange 2018.

Gauguin aux Marquises, Tallandier, 2016. Sélection Bibliothèque Orange 2016.

Viens voir comment vivent les hommes, Les Équateurs, 2007.

Tahiti, Marquises. Voyage sur les pas de Gauguin, Garde-Temps, 2003.

Et ceux qui vont en mer, Robert Laffont, 2002.

Voyage au Tibet sur les pas d'Alexandra David-Neel, Garde-Temps, 2002.

Aux Marquises, L'Harmattan, 1998, rééd. 2016.

Laure Dominique Agniel

Lady Stanhope

L'amazone du Liban

Tallandier

48, rue du Faubourg-Montmartre – 75009 Paris
www.tallandier.com

Note au lecteur

Dans la mythologie grecque, une amazone était une cavalière au grand courage. Ensemble, les amazones étaient des femmes guerrières formant une tribu où aucun homme n'était admis.

Avant-propos

Comme Hester Stanhope, j'ai vécu au Liban. J'y suis arrivée à vingt ans, étudiante à l'École des Lettres de Beyrouth. Je payais mes études en travaillant dans une petite librairie du vieux quartier de Bab Idriss, à côté d'une pâtisserie autrichienne célèbre dans toute la ville. Très vite, j'ai connu l'histoire de Lady Hester Stanhope, dont les aventures se racontaient de génération en génération.

Comme elle, j'avais quitté une Europe qui m'apparaissait trop prévisible, sans fantaisie, sans poésie. Comme elle, j'étais envoûtée par la montagne libanaise, la lumière dorée sur les maisons de terre de Deir-el-Qamar, l'austère beauté des palais druzes à Beiteddine ou à Moukhtara. J'ai suivi sa trace dans le sable de Palmyre, à la recherche de la reine Zénobie…

Je suis revenue plusieurs fois au Liban. Comme Hester Stanhope, j'ai connu la barbarie de la guerre, la violence sidérante, irréelle, mitraillette sur le ventre, têtes coupées aux barrages des milices. Pour un reportage, j'ai voulu rencontrer les combattants de tous bords. Comprendre l'origine de leur haine. À Damour, non loin du village où elle avait construit son château, j'ai pris un thé avec des tueurs. Si jeunes, si fiers de leurs massacres. Assis en rond sous une tente, ils célébraient leur victoire. J'ai fui la violence, sans la comprendre.

Hester est restée dans la montagne libanaise, craignant que la vie en Angleterre ne soit plus qu'une eau plate. Je commençais ma vie. Elle avait dépassé la moitié de la sienne. Elle est allée où je me suis arrêtée. J'ai gardé des souvenirs. Elle a laissé sa vie. Du Liban, elle a tout aimé : les ruines et les cèdres, les cimes et les vallées couleur d'oranges, l'eau des fontaines sous les treilles et la Méditerranée au pied des montagnes bleues.

Elle qui avait été, au début du XIXe siècle, le bras droit du Premier ministre du Royaume-Uni, elle qui avait vécu au 10 Downing Street à Londres, avait quitté l'Angleterre pour devenir reine de Palmyre, amazone du désert, astrologue, chercheuse d'or et, pour certains, sorcière du Liban. À deux cents ans de distance, sa rage de vivre, sa quête de liberté résonnent encore aujourd'hui. Tantôt guerrière, tantôt princesse, elle a dépassé toutes les frontières, transgressé tous les interdits, mais jamais calmé le désespoir d'une petite fille orpheline. Elle a aimé passionnément un homme adolescent, a ouvert sa demeure à des centaines de réfugiés quand le Liban était le champ de bataille des émirs, pachas, Bédouins qui s'arrachaient les lambeaux de l'Empire ottoman.

Voici l'histoire d'une femme qui fut une légende de son vivant, et même morte, puisque sa dépouille fut, pendant la guerre civile libanaise, l'objet de curieuses tractations entre les milices druzes et les autorités d'Angleterre, ce pays renié qui longtemps l'oublia.

Hester Stanhope, par David Wilkie, XIXe siècle.

Prologue

La Méditerranée est cruelle. Calme et bleue, les bateaux y lèvent l'ancre en confiance. Mais sans prévenir, elle devient furie, cabre ses vagues, crache son sel à la face des audacieux.

Réfugiée sur un rocher avec une quinzaine d'hommes d'équipage et ses trois compagnons de voyage, une femme, cheveux dégoulinants, robe trempée, déchirée, pieds nus, regarde sombrer la goélette grecque qui devait la conduire de Constantinople à Alexandrie. Cette femme de haute taille, qui dépasse tous les hommes de son mètre quatre-vingts, est une lady anglaise. Lady Hester Stanhope, trente-quatre ans, partie de Portsmouth l'année précédente, le 10 février 1810.

Les hommes ont actionné les pompes pendant des heures pour vider l'eau. En vain. L'eau est montée inexorablement. Quand le gouvernail s'est rompu, ils ont compris que c'était perdu. Ils ont sauté dans le canot de sauvetage et ont ramé de toutes leurs forces jusqu'à un minuscule rocher. Stupéfaits, muets, impuissants, ils voient leur bateau s'enfoncer vague après vague, ses mâts ployer, étendant sur la mer ses voiles blanches gonflées comme la peau d'un noyé.

Lady Stanhope avait sur ce bateau tout ce qu'elle possédait : ses malles, ses vêtements, sa vaisselle, ses bijoux. Tout, elle a tout perdu. En ce matin de novembre, sur ce rocher désolé, elle n'est plus qu'Hester, une femme seule, perdue loin de tous, mais libre. Si elle survit, toute sa vie sera à réinventer.

Le capitaine et trois hommes d'équipage partent sur l'unique canot vers l'île de Rhodes chercher du secours. Les naufragés attendent. Une nuit. Un jour. Une deuxième nuit. Trente-six heures, sans eau, sans nourriture, sans lumière, sans feu, le corps fouetté par les vagues froides. Maudite Méditerranée.

Devant Hester : l'inconnu ou la mort. Derrière elle : le père, la politique, l'Angleterre. Lady Hester est une femme en fuite. Gibraltar, Malte, Athènes, Constantinople… Que cherche-t-elle ? Le sait-elle ? Se sauver. Fuir l'Europe et sa civilisation surannée, l'Angleterre, ses aristocrates poudrés et ses convenances étriquées. Ce petit monde qui, sous des postures élégantes, cache de noires intrigues lui fait horreur.

Même trempée, dépenaillée, accrochée à un récif par une nuit de tempête, Hester ne regrette pas d'avoir quitté l'Angleterre. Après la mort de son protecteur, le Premier ministre William Pitt, ils s'étaient tous vengés, les courtisans, les aigris, les envieux, les médiocres. En Angleterre, elle n'était plus rien qu'une jeune femme à marier.

Le mariage ? Pas question ! Elle écrirait seule le récit de sa vie. Jamais quelqu'un ne lui imposerait quoi que ce soit. Jamais elle n'aliénerait sa liberté. Plutôt mourir noyée sur ce rocher !

*

La houle déchaînée s'écrase sur le roc, ses coups de boutoir ébranlent le frêle abri. La bourrasque gifle le visage d'Hester, essore ses pensées, emporte ses souvenirs.

Au matin du deuxième jour, les secours arrivent enfin. Les naufragés débarquent sur l'île de Rhodes et se réfugient dans une grange. Même si la pluie continue de tomber par les fissures du toit, même s'ils doivent dormir sur le sol couvert de paille et de fumier, ils ont échappé par miracle à la noyade et, une fois réchauffés et rassasiés, se joignent aux villageois pour danser. « Ne croyez pas que nous soyons tristes, car nous avons tous dansé, moi comprise, la danse pyrrhique avec les paysans des villages qui se trouvaient sur notre route[1] », écrit-elle. La danse pyrrhique

1. Hester Stanhope au général Oakes, gouverneur de Malte, décembre 1811.

est une danse guerrière grecque qui simule un combat et n'est exécutée que par les hommes. Premier signe de la métamorphose d'Hester…

Ayant perdu tous ses vêtements, la jeune femme s'habille à la turque : une tunique, un burnous, un turban pour cacher ses longs cheveux noirs. Emportés au fond de l'eau, les corsets, robes et voiles qu'elle devait porter à Constantinople pour cacher son visage féminin !

À partir de ce jour, elle s'habillera comme un homme, comme un Turc. Elle voyagera à visage découvert, la tête haute, faisant fi du genre féminin et des convenances, se présentant tantôt comme un homme, tantôt comme une femme. La nouvelle vie de Lady Hester Stanhope peut commencer.

Chapitre premier

Fabrication d'une rebelle

Dans l'immense hall du château de Chevening, au cœur du mois de juillet 1780, une petite fille pousse un cri, elle appelle au secours, descend l'escalier, traverse le parc, court jusqu'aux écuries où l'odeur, le souffle des chevaux la rassurent. Sa mère, prénommée Hester comme elle, vient de mourir d'une fièvre puerpérale peu après la naissance de sa troisième fille. La jeune femme semblait avoir toutes les qualités : beauté, sagesse, gaieté… À vingt-cinq ans, elle laisse trois orphelines : Lucy, cinq mois, Griselda, deux ans, et Hester, l'aînée, née le 12 mars 1776, qui n'a que quatre ans.

Que peut dire une enfant devant le corps sans vie de sa mère ? Plus jamais entendre sa voix aimante. Plus jamais la tendresse de ses bras l'enlaçant. Plus jamais le parfum ambré de sa peau. Hester sait inconsciemment qu'elle est seule désormais. Le vide se creuse à tout jamais dans son cœur. Une absence, une fêlure inconsolable marquera toute sa vie. La riche héritière de la lignée des comtes Stanhope ne connaîtra pas la bienveillance rassurante d'une famille.

Le château de Chevening est plongé dans le silence du deuil. C'est une bâtisse du XVIIe siècle, en briques roses ornées de colonnes et de pierres blanches autour du perron de la façade. Deux constructions plus petites, de part et d'autre, entourent une cour carrée dont le quatrième côté s'ouvre sur un jardin à la française. Il est situé dans le Kent, au sud-est de l'Angleterre.

Pauvre petite princesse

Charles Stanhope, veuf à vingt-sept ans, s'empresse de donner une belle-mère à ses enfants. Il épouse, huit mois après la mort de sa femme, la cousine de celle-ci, Louisa Grenville, vingt-deux ans, qui donnera rapidement naissance à trois garçons : Philip Henry, Charles et James. Des gouvernantes autoritaires s'occuperont d'organiser la maison autour des six enfants car la jeune épouse Louisa préfère aller à l'opéra, passer des heures à sa toilette ou chez son coiffeur, courir les thés et les *parties*. Lucy, une fois adulte, dira d'elle : « Si je l'avais croisée dans la rue, je ne l'aurais pas reconnue car elle n'était jamais à la maison. »

Le père ne cherche que la paix. La famille n'est pour lui semble-t-il qu'une concession aux conventions sociales. Toute son énergie, tout son temps, il le consacre à ses expériences. Pendant des jours et des jours, il ne sort pas de son laboratoire.

Charles Stanhope, un personnage fascinant ! Ce lord a renoncé à ses titres de noblesse. Député à la Chambre des communes de 1780 à 1786 puis membre de la Chambre des lords jusqu'à sa mort, c'est un rebelle, une forte tête, nourri par les idées progressistes des philosophes des Lumières. Lecteur de Diderot et de Rousseau, il soutient l'indépendance américaine et se prononce contre l'esclavage des Noirs. C'est un homme mince au visage émacié, menton et lèvres énergiques, regard déterminé, de rares cheveux noirs tombent de son crâne dégarni dans son cou.

Mathématicien formé au collège d'Eton, puis à l'université de Genève, c'est un surdoué, inventeur de génie, un touche-à-tout à la curiosité insatiable. Il a étudié Leibniz et Newton, il connaît les travaux de son contemporain, le Français Lavoisier. La liste de ses inventions donne la mesure de son génie scientifique : il conçoit et fabrique la première presse à imprimer en fer, un appareil pour accorder les instruments de musique, une calculatrice automatique, la transformation de la chaux en ciment… Ses recherches portent aussi sur des matériels d'optique, sur le pendule, sur l'électricité et la foudre. Il publie en 1779 *Principes d'électricité*. Il dessine les plans d'un canal entre Bristol et Devon pour relier le canal de Bristol à la Manche. Audacieux, il est convaincu que pour éteindre le feu, il faut le priver d'air. Un jour, il invite une dizaine d'amis à une *party* à Chevening. Mais les invités sont loin de se douter qu'ils vont servir de cobayes à l'une des expériences du comte qui leur demande de monter à l'étage d'une petite maison de bois qu'il a fait construire dans le parc. Ils obtempèrent avec appréhension. Charles Stanhope met le feu autour de la cabane. L'histoire ne dit pas si l'expérience fut concluante ni comment le savant parvint à éteindre le feu, mais il n'y eut pas de victimes et chacun put rentrer chez soi, sans doute un peu étourdi.

Visionnaire, il imagine des moteurs à vapeur pour les bateaux. Il offre sa maquette à l'Amirauté. Comme tous ceux qui sont trop en avance, il est abondamment moqué. « Des bateaux à moteur pour remplacer les voiles ?! Pensez donc… il est fou ! » Les humoristes ridiculisent ce savant aux idées farfelues :

« Ce Don Quichotte de la Nation
Bat ses propres moulins à vent en gesticulant
Pour frapper de sa force il se penche
Et tout son sens est au bout de ses doigts. »

Devant les lords qui se joignent aux railleurs, il déclare : « Parmi cette assemblée, quelques-uns vivront assez longtemps pour voir des bateaux à vapeur traverser l'Atlantique ! » Charles Stanhope ne vivra pas, lui, assez longtemps pour voir le premier bateau à vapeur mis à l'eau en 1818, deux ans après sa mort, prouvant que ses projets n'étaient pas purs délires.

Son titre de lord, au lieu de le protéger des railleries, renforce les sarcasmes. Ses pairs, choqués qu'il se présente à la cour du roi sans perruque, ne lui pardonnent pas de faire fi des convenances avec ses cheveux en bataille et sa pelisse élimée. Volontiers provocateur, le comte Stanhope se glorifie d'être le « représentant de la minorité d'un seul ».

Passe encore les tirades enflammées de ce Cyrano radical ! Ce que la bonne société anglaise lui reproche surtout, c'est sa sympathie pour les idées révolutionnaires. La prise de la Bastille en France a profondément ému cet héritier d'une des plus grandes familles aristocratiques anglaises. Il voit dans les événements parisiens l'aube d'une humanité nouvelle. La Déclaration des droits de l'homme et du citoyen, l'abolition des privilèges l'exaltent ! En bon scientifique expérimental, il met immédiatement en pratique les idées venues de France. Il commence par abandonner ses propres privilèges, tout au moins les plus visibles : il fait effacer les armoiries de sa famille sur ses calèches, sur les murs et les grilles de son château, renvoie la plupart de ses domestiques en leur remettant pour leur émancipation personnelle un exemplaire de la Déclaration des droits de l'homme et du citoyen. Il fustige les aristocrates qui vivent aux dépens du peuple, abandonne son titre de comte, demande à être appelé désormais « citizen Stanhope » et jette définitivement sa perruque poudrée. Quant à l'élégant château de Chevening, il le rebaptise « Democracy Hall ».

Citizen Stanhope tient à communiquer à ses six enfants son enthousiasme révolutionnaire. Pour éveiller leur esprit et leur corps, il accorde une grande importance au travail manuel. Afin de leur transmettre l'amour de la science et de l'égalité entre les hommes, il engage un précepteur, Jeremiah Joyce, qui leur inculque surtout le rejet de la monarchie. Il sera arrêté par la suite pour ses idées subversives.

Quand Charles Stanhope parle de créer une république en Angleterre, ses pairs crient au scandale. Cette fois, il va trop loin ! Même sa propre famille le rejette : la rupture éclate avec le nouveau Premier ministre, William Pitt le Jeune, frère de sa première femme et oncle d'Hester. Dans le pays, le mot « république » réveille les souvenirs de la guerre civile qui, au XVIIe siècle, a bouleversé l'Angleterre. De la courte république anglaise, on a retenu la mort du roi Charles Ier, décapité par les républicains qui avaient aussi supprimé la Chambre des lords et porté au pouvoir Oliver Cromwell. L'expérience de la république d'Angleterre avait duré onze ans. Après la mort de Cromwell, la monarchie des Stuart avait été restaurée.

À Chevening, les enfants grandissent seuls. Hester, parce qu'elle est l'aînée, se sent particulièrement abandonnée. Sans sa mère, sans son père, retiré toute la journée dans son laboratoire quand il n'est pas à Londres, elle estime de son devoir de s'occuper de ses deux sœurs et de ses trois frères. Sa belle-mère irresponsable et frivole se décharge de ses devoirs sur elle et sur une gouvernante, Miss Caviglioli, que les enfants détestent. Heureusement, il y a la nature. Heureusement, il y a les chevaux. Hester galope des heures dans les forêts du Kent et devient une excellente cavalière. C'est une enfant solitaire qui cherche vainement à attirer l'attention de son père. Elle a beau traverser le jardin sur des échasses, elle ne recueille qu'un regard distrait. La seule chose qu'ils aient en commun : l'amour de la France. Parfois, des visiteurs français séjournent au château. Ils parlent d'un pays où le peuple se bat, où tout est possible, même de critiquer un roi. Est-ce pour rejoindre ce pays rêvé ou, plus vraisemblablement, pour susciter encore une fois l'intérêt du père qu'un jour d'été à Hastings, un port au bord de la Manche où la famille passe ses vacances, Hester croit voir les côtes françaises toutes proches de l'autre côté de la baie ? Elle entend si souvent parler de ce pays merveilleux qu'elle décide de s'y rendre. Elle descend au port, détache l'amarre d'une barque et se lance sur la mer à la rame, espérant accoster en France. Elle a neuf ans.

Elle sera vite rattrapée et ramenée devant son père qui lui inflige une punition conforme à l'idée qu'il se fait de l'abandon des privilèges : elle retournera à Chevening, mais pas au château. À la ferme, elle finira ses vacances en gardant les oies. Quant aux garçons, pour parfaire leur éducation, ils iront se former dans l'atelier d'un forgeron.

Hester est la seule de la fratrie à tenir tête à son père. Elle lui ressemble : comme lui, elle a une volonté et un orgueil démesurés. Dotée d'un esprit rapide et intuitif et surtout d'un redoutable sens de l'humour, elle est autoritaire mais défend volontiers les plus faibles. « Ma sœur Lucy était plus jolie que moi, c'était une madone. Griselda était plus intelligente que moi. Quand j'étais petite, je ne sais pourquoi, j'avais envie de les commander. » Sa nièce, Catherine Cleveland, la décrira dans ses mémoires comme une personne généreuse au grand cœur, qui était la préférée du père.

À quinze ans, sa haute taille, ses bottes et ses tenues de cavalière lui donnent une allure de garçon manqué, malgré des boucles brunes qui tombent sur ses yeux noirs. Elle est déjà exigeante : c'est elle la véritable maîtresse de maison, imposant une autorité que les parents n'ont pas. À l'âge où une adolescente éprouve le besoin de discuter, de se confronter à son père, Hester est désespérée par l'indifférence du sien. À Chevening, elle n'a personne à qui parler de ses désirs, de ce corps trop grand qui l'embarrasse. Elle se sent différente sans comprendre qui elle est vraiment. Elle est attirée par les jeux de ses frères, déteste les rêves romantiques de ses sœurs qui se préoccupent déjà de trouver un beau fiancé, un bon parti. Comme Hester, elles étouffent à Chevening.

Lucy, la plus jeune, crée la surprise. Elle met en pratique les idées émancipatrices de son père et décide de s'affranchir elle aussi des conventions. Elle est la première à s'enfuir à seize ans avec un apothicaire de vingt ans son aîné. Griselda se marie en 1800. Les garçons, qui n'avaient jamais fréquenté l'école que Charles Stanhope jugeait inutile pour la formation d'honnêtes hommes, sont partis. Tous trois ont supplié leur père de les envoyer au collège plutôt que chez les forgerons. Il semble que tous les enfants cherchent à partir au plus vite du foyer familial. La solitude dans l'immense demeure est trop lourde à porter pour des adolescents et de jeunes adultes. Livrés à eux-mêmes depuis l'enfance, ils aspirent à rencontrer les jeunes de leur âge. Hester aidera d'ailleurs l'un de ses frères, Philip Henry, dit Mahon, à quitter Chevening. Charles Stanhope les laisse partir avec une certaine indifférence, de plus en plus exalté par ses découvertes, mais isolé, conspué par ses pairs. Seul son statut de beau-frère du Premier ministre lui permet d'échapper à l'arrestation et à la prison.

Hester quitte la dernière la maison familiale. Veut-elle s'éloigner d'un père trop puissant ? Elle ne cherchera jamais à le revoir. Elle ne lui écrira pas et apprendra sa mort sans émotion. Pour apaiser la tension entre parents et enfants, les grands-parents sont souvent un recours. Hester va se réfugier chez sa grand-mère, Lady Chattam Pitt, femme de William Pitt l'Ancien, et mère de William Pitt le Jeune, tous deux Premiers ministres de Sa Majesté George III.

Une dynastie héroïque

Hester Stanhope, petite-fille et nièce des Premiers ministres du royaume pendant un quart de siècle, est l'héritière d'une lignée d'hommes d'action prestigieux qui ont écrit l'histoire de l'Angleterre.

William Pitt dit l'Ancien – son grand-père maternel – s'est illustré comme ministre de la Guerre pendant la guerre de Sept Ans (1756-1763) qui a opposé la France de Louis XV et ses alliés (Autriche, Russie et Espagne) à la Grande-Bretagne, alliée de son côté à la Prusse. Cette guerre est considérée comme la première des guerres mondiales car elle se déroule simultanément sur plusieurs continents : en Europe, en Inde et en Amérique du Nord.

On l'a oublié aujourd'hui mais la France possédait au XVIIIe siècle d'immenses territoires en Amérique du Nord. La Nouvelle-France s'étendait du Canada au golfe du Mexique, comprenant toutes les régions situées à l'est du fleuve Mississippi. La France et la Grande-Bretagne se lançaient à l'assaut du Nouveau Monde et du monde tout court. C'était une course de vitesse sur terre et sur mer. 1768 : Bougainville s'émerveillait à Tahiti, James Cook sillonnait les océans et allait apporter à la couronne d'Angleterre d'innombrables territoires – la Nouvelle-Zélande, l'Australie – avant d'être tué et dévoré à Hawaï en 1779.

Pour garder ses conquêtes en Amérique du Nord, la France s'allie à de nombreux groupes amérindiens à l'exception des Iroquois, qui choisissent de se joindre aux Britanniques. Pendant cinq ans, les Français tiennent tête aux Anglais. Pour eux, c'est d'abord une affaire de religion : les anglicans ne veulent pas laisser ces territoires aux catholiques dont les missionnaires accompagnent ou suivent toujours les soldats. C'est aussi une bonne affaire commerciale : il s'agit de récupérer une immense zone de pêche ainsi que le commerce des peaux et des fourrures. En 1760, avec la prise de Québec et de Montréal par les Britanniques, les places fortes françaises tombent les unes après les autres.

À l'issue de la guerre de Sept Ans en 1763, la France a perdu la majeure partie de son empire colonial : la Grande-Bretagne s'approprie le Canada ainsi que tous les territoires situés à l'est du Mississippi. Dans les Caraïbes, la France ne conserve que la Martinique, la Guadeloupe et Marie-Galante. La plupart des autres îles deviennent britanniques. Cuba et les Philippines sont rendues aux Espagnols en échange de la Floride et de l'évacuation du nord-est du Portugal que l'armée espagnole avait envahi pendant la guerre de Sept Ans, en 1762.

En Inde, sous l'action du gouverneur français Dupleix, l'influence de la Compagnie des Indes orientales avait étendu sa domination sur les trois quarts du territoire. En 1761, la capitale de l'Inde française, Pondichéry, est rasée et brûlée par les soldats britanniques. La France ne récupérera que cinq comptoirs un demi-siècle plus tard, en 1817.

Vainqueur sur tous les fronts, le grand-père d'Hester, William Pitt l'Ancien, est célébré comme un héros. Il deviendra Premier ministre de 1766 à 1768. Et en son honneur, on donnera son nom à une ville américaine : Pittsburgh. Son deuxième fils, William Pitt, dit « le Jeune », est lui aussi attiré par la politique. Il est élu à la Chambre des communes à vingt-deux ans, puis devient chancelier de l'Échiquier – ministre des Finances – l'année suivante, et Premier ministre quelques mois plus tard, en 1783. À vingt-quatre ans, c'est le plus jeune Premier ministre de l'histoire de Grande-Bretagne.

Sa jeunesse est objet de moqueries : « le royaume est confié à un écolier », dit-on dans les cénacles du pouvoir. D'autres affirment qu'il ne passera pas l'hiver. Pourtant, il sera Premier ministre pendant près de vingt ans – avec une interruption de trois ans entre 1801 et 1804 –, jusqu'à sa mort prématurée dans l'exercice de ses fonctions.

Ce jeune homme au visage enfantin qu'une perruque grise ne parvient pas à vieillir deviendra l'un des chefs d'État les plus populaires. Sous l'administration de ce Premier ministre inexpérimenté ont lieu des événements déterminants pour l'histoire du monde : la colonisation du Canada, de l'Australie, de la Nouvelle-Zélande. Le soulèvement des nationalistes irlandais. La Révolution française et les guerres qu'elle mènera contre la Grande-Bretagne, qui entraîneront l'arrivée de nombreux réfugiés sur le sol anglais. À peine la paix revenue, il lui faudra résister à l'ascension fulgurante de Bonaparte et aux guerres incessantes de Napoléon en Europe. En Amérique, les indépendantistes se sont autoproclamés sept ans plus tôt « États-Unis d'Amérique ». Dès son arrivée au 10 Downing Street, résidence des Premiers ministres britanniques depuis 1732, William Pitt doit assumer les conséquences du traité de Paris que le gouvernement précédent a signé avec les rebelles américains : il entérine la perte des jeunes « États-Unis » qui ne sont à cette époque que treize.

Hester nourrit une grande admiration pour son oncle, aussi bon et affectueux que son père Charles est froid et égocentrique. Dans les cercles du pouvoir,

William Pitt est surnommé « Honest Billy ». L'argent ne l'intéresse pas et il passera toute sa vie couvert de dettes, grugé par des domestiques peu scrupuleux. Totalement absorbé par l'immensité de sa tâche, il n'a pas eu le temps de se marier. Il vit comme un moine ayant fait le vœu de consacrer sa vie à son pays.

Sur le trône d'Angleterre règne George III, dont le pouvoir était plus important que celui des souverains contemporains. Le placide William doit composer avec les crises du roi, atteint de troubles maniacodépressifs. Leur différend majeur porte sur la question irlandaise. Après avoir mené une bataille victorieuse contre le corps expéditionnaire français débarqué en Irlande, William Pitt intègre l'île au royaume par l'Acte d'Union. C'est lui qui crée le Royaume-Uni le 1er janvier 1801. L'Irlande va provoquer la rupture entre le roi et son Premier ministre. Celui-ci est favorable à l'émancipation des catholiques irlandais tandis que le roi s'y oppose. William Pitt démissionne le 16 février 1801 et « s'exile » dans son château de Walmer. C'est là que le rejoint sa nièce préférée, Hester, de dix-sept ans sa cadette. Il a quarante-deux ans.

Hester trouve en William Pitt l'écoute attentive d'un père spirituel qui la considère comme sa fille adoptive. Elle apprécie son intégrité et son légendaire sens de l'humour, il aime sa vivacité d'esprit et son franc-parler. Après sa démission, il puise auprès de sa nièce énergie et enthousiasme. Dès lors, Hester restera auprès de lui, à Walmer, un austère château fort près de Douvres, au bord de la Manche. Elle sera l'amie, la confidente, le réconfort de cet homme solitaire, s'occupera de sa maison, aménagera le jardin, veillera sur sa santé.

Le goût du pouvoir

En 1803, Hester, vingt-sept ans, franchit la Manche pour la première fois. Elle désire connaître l'Italie et la France dont elle entend parler depuis l'enfance. Elle emmène l'un de ses frères, Philip Henry, dit Mahon, vingt-deux ans. Ils visitent un pays apaisé, passent la frontière italienne au col du mont Cenis, à plus de deux mille mètres d'altitude, qu'Hester décide de franchir seule, sur le dos d'une mule : « Je laissais tous les autres à leurs peurs et à leurs angoisses. La journée était divine. J'ai chevauché tout le jour sans que ma mule fasse le moindre faux pas. »

Le frère et la sœur traversent l'Italie de part en part : Turin, Florence, Venise, Naples. « Quelqu'un qui n'a jamais voyagé ne peut pas imaginer à quel point le pays, les paysages, le climat de l'Italie sont délicieux [...]. Depuis que j'ai quitté l'Angleterre, je suis encore plus convaincue que le bonheur est une affaire de mental [...]. J'aime voyager plus que tout. C'est un perpétuel changement d'idées. »

Quand Hester revient chez son oncle, elle retrouve un homme fatigué qui boit beaucoup d'alcool. Le sujet d'inquiétude majeur à cette époque est la montée en puissance de Bonaparte. Pourtant, William Pitt a signé la paix d'Amiens en mars 1802, mettant fin aux guerres menées contre les révolutionnaires français. Devant les tensions qui se font jour de nouveau en Europe et la menace de Bonaparte d'envahir le Royaume-Uni, le roi rappelle « Honest Billy » qui a su démêler tant de crises. William Pitt redevient Premier ministre le 10 mai 1804 et retrouve ses bureaux du 10 Downing Street une semaine avant que Napoléon se proclame empereur, le 18 mai 1804. (Il sera sacré empereur par le pape le 2 décembre de la même année.)

Hester ne se contente plus d'entretenir le jardin de Walmer. Elle suit son oncle à Londres au 10 Downing Street, où elle dirige l'organisation des employés d'une main de fer. Elle a constaté que nombre d'entre eux profitaient de la confiance du Premier ministre, absorbé par d'autres tâches, pour le voler.

Rapidement, Hester se passionne pour la politique. Elle lit les rapports des secrétaires d'État, y apporte des commentaires judicieux et non pervertis par des postures partisanes. Elle relate les rumeurs de la Cour, joue peu à peu le rôle de chef de Cabinet. Pour obtenir une entrevue avec le Premier ministre, il faut passer par Hester Stanhope. Elle rédige la correspondance de son oncle, les notes aux ministres, nomme des officiers, juge le travail des parlementaires et en fait le rapport à Pitt. Elle signe des documents, reçoit énormément et sait démêler les courtisans des vrais politiques. Son influence est considérable, ses jugements, sans appel. « Le monde vous plaît pourvu qu'il soit un tourbillon, la politique vous va pourvu qu'elle soit très embrouillée, la solitude, pourvu qu'elle soit profonde », dit d'elle son oncle.

Elle est présentée au roi George III qui apprécie son intelligence d'autodidacte non formatée par les *high schools* anglaises. Lorsque William Pitt se promène au bras de sa nièce dans les jardins du palais royal de Windsor, le roi s'arrête et annonce à son Premier ministre :

« J'apprécie votre travail, Pitt, mais je connais quelqu'un qui ferait un meilleur Premier ministre que vous !

– Puis-je connaître le nom de cette personne ? s'inquiète Pitt.

– Vous lui donnez le bras ! répond le roi qui ajoute : Je n'ai dans tout le royaume ni homme d'État qui la surpasse, ni femme qui fasse plus honneur à son sexe. Soyez fier d'elle, monsieur Pitt, car elle a toutes les qualités de l'homme et de la femme ! »

Hester, qui aime particulièrement danser, fréquente les bals de la cour. Mais les hommes sont intimidés par cette jeune femme qui les surpasse d'une bonne tête. Elle n'est pas vraiment jolie : son long cou porte un visage au menton très fin, un nez aquilin et un front haut. Les rubans ne parviennent pas à retenir ses boucles brunes qui tombent sur sa nuque et ses joues. La jeune femme est un parti très enviable pour de nombreux prétendants mais son pouvoir auprès du Premier ministre et son autorité naturelle impressionnent les hommes.

C'est lors d'un bal dans la résidence d'un couple d'aristocrates de Kensington qu'elle rencontre John Moore, quarante ans. La douceur mêlée de tristesse de son regard émeut Hester. Le haut de son visage blond lui donne un air de poète romantique, alors que sa bouche aux lèvres fines et serrées exprime une détermination militaire. C'est un héros à Londres. Il a combattu sur le sol américain, en Italie, en Égypte et en Irlande. Il a participé en Corse, aux côtés de Pascal Paoli, à l'établissement d'un étrange royaume éphémère, le « Royaume anglo-corse », qui ne durera que deux ans (1794-1796). Moore est le type d'homme qui attire Hester. Il a consacré sa vie à servir son pays avec courage, bravoure, loyauté, indifférent aux honneurs et à la gloire. À l'opposé des séducteurs et des hypocrites qui peuplent les cercles du pouvoir, Moore semble insaisissable, son regard est perdu parfois, marqué par tant de combats. Lui n'est pas insensible à la jeune femme, si différente des potiches poudrées qui promènent leurs crinolines dans les jardins de Windsor. Mais la guerre menace encore en Europe. Il repart. Ils s'écrivent. Oui, à mon retour, tout sera possible, promet-il.

Car sur le continent, un aigle jette son ombre sur toute l'Europe. Napoléon menace. Il rompt la paix d'Amiens et, désormais empereur, veut l'Angleterre. Il réunit ce qu'il appelle sa « Grande Armée » à Boulogne-sur-Mer dans le but d'envahir la Grande-Bretagne. William Pitt forme une nouvelle coalition avec la Russie, l'Autriche et la Suède et ordonne la saisie de mille deux cents bateaux français. En réponse, l'empereur attaque la flotte anglaise à Trafalgar le 21 octobre 1805. L'amiral Nelson donne la victoire à l'Angleterre, mais ne survit pas à ses blessures.

Depuis près de vingt ans, les lourdes charges qui pèsent sur le Premier ministre, l'excès de travail jusqu'à trois heures du matin, le manque de sommeil et l'abus d'alcool, en particulier de porto, ont épuisé sa santé. Il est victime de crises de goutte et de troubles hépatiques. La mort de son ami l'amiral Nelson lui a brisé le cœur. Le coup de grâce viendra quelques semaines plus tard avec la victoire de Napoléon cette fois, à Austerlitz, le 2 décembre 1805. Victoire éclatante contre les forces de la troisième coalition qui réunissait, aux côtés de l'Angleterre, l'empereur d'Autriche et le tsar de Russie. Après la défaite qui coûtera aux alliés seize mille morts (mille deux cents pour les Français), la coalition est dissoute, les Autrichiens et les Russes négocient un armistice avec Napoléon. Apprenant cette nouvelle, William Pitt dira : « Vous pouvez ranger la carte de l'Europe, elle ne servira plus dans les dix prochaines années. »

William Pitt, épuisé, ruiné, meurt à quarante-six ans le 23 janvier 1806. Ses derniers mots seront pour sa chère nièce qu'il appelle à son chevet : « Où est Hester ? Où est la chère enfant ? Est-elle partie ? Je sais qu'elle m'aime. »

Hester, bouleversée et révoltée, estime que son oncle s'est tué à la tâche, victime de sa loyauté envers son pays, à qui il a sacrifié sa vie personnelle. Elle écrit à John Moore : « Aucune des jouissances de la vie commune n'appartenait à Pitt ; il n'avait même pas le temps de surveiller ses affaires pécuniaires et on le volait de toutes parts. Debout à huit heures, déjeunant au milieu d'une foule de solliciteurs et de membres du Parlement, ne cessant de travailler, de parler, de répondre, de donner des ordres jusqu'à quatre heures du soir, il mangeait à la hâte une côtelette de mouton, M. Adams entrait avec un papier, M. Long avec un autre. Puis, avec une petite bouteille de brandy dans la poche, il allait à la Chambre, y trouvait des ennemis sur le qui-vive, luttait avec acharnement jusqu'à deux heures du matin, et revenait souper avec ses amis, pour se coucher ensuite et prendre une ou deux heures de repos. Et du vin, du vin ! Souvent, au milieu de son sommeil, il était réveillé par une dépêche de Lord Melville ou par un ordre de se rendre à Windsor. À peine debout le lendemain, vingt ou trente personnes entraient l'une après l'autre. Et les chevaux devant la porte qui l'attendaient. C'était assez pour tuer un homme. Nulle organisation n'y aurait résisté. Ce n'était pas une vie, c'était un meurtre. »

William Pitt sera enterré dans l'abbaye de Westminster aux côtés de son père William Pitt l'Ancien.

Une vie s'effondre

La mort prématurée de William Pitt est un drame pour le pays, toujours sous la menace de Napoléon. C'est une tragédie pour Hester qui imaginait accompagner son oncle pendant des années encore et se retrouve seule, sans protecteur, sans ressources. L'harmonie, la complicité entre eux étaient totales. Elle a trente ans et sa vie s'écroule. Elle n'a pas réussi à le protéger de tous ces courtisans qui encombraient son cabinet. Elle n'a pas su veiller sur sa santé, minée par l'abus d'alcool et le manque de sommeil.

Cette vie trépidante au cœur du pouvoir plaisait à Hester. Elle était admirée pour son intelligence, redoutée pour ses jugements. Tous ceux qui auparavant frappaient à sa porte se détournent. Elle ne se faisait pas d'illusions, mais ne s'attendait pas à un tel mépris. Pire : certains flagorneurs médisent maintenant sur elle et sur Pitt. Même son frère, Philip Henry, qui avait profité des services de son oncle, pactise avec ses ennemis.

Hester était si dévouée à William qu'elle en a oublié de penser à sa propre vie. Où aller ? Comment vivre ? Retourner dans le château paternel ? Hors de question ! Chevening est vide, son père vit à Londres, toujours peu soucieux de sa famille, ses sœurs sont mariées. Ses frères, dispersés. Deux d'entre eux ont embrassé la carrière militaire, l'aîné, Philip Henry, se lance dans la politique.

Avant de mourir, William Pitt a négocié pour sa nièce à la Chambre des communes une pension de mille livres sterling par an. Cela permet à Hester de se loger dans une toute petite maison à Montaigu Square, à Londres, mais elle n'a ni voiture ni domestiques. Les salons de la bourgeoisie et de l'aristocratie anglaises se ferment les uns après les autres. Les cercles de pouvoir et d'argent sont sans pitié pour celles qui n'ont plus les moyens de changer de toilette trois fois par jour et de parader dans les soirées.

Même son prétendant, le général Moore, s'éloigne, capté par les nombreux champs de bataille du continent. Toujours, face à lui, les armées de Napoléon.

Lors d'une de ses rares visites à Londres, Hester lui demande de prendre comme aide de camp son frère Charles. Ils devront rejoindre leur bataillon en Espagne où l'aigle impériale étend son ombre. Il semble qu'Hester elle-même soit intervenue auprès du roi pour que le général s'illustre dans la guerre d'Espagne et non dans de petites batailles. Le plus jeune de la famille Stanhope, James, rejoindra lui aussi le bataillon de John Moore en Espagne.

Moore, entouré des deux frères Stanhope, écrit à Hester de Lisbonne le 6 octobre 1808 : « Ah je voudrais tant que vous soyez avec nous ! Nous pourrions faire des promenades à cheval et vous, en amazone, vous nous donneriez du courage et nous ferions tout beaucoup mieux. » Le général est pessimiste sur l'issue de la guerre en Espagne. Les Français sont près de deux cent mille sur le terrain ! Le 16 novembre, il décrit à Hester une situation désespérée : « Je campe à quatre étapes des Français avec seulement un tiers de mes forces et comme les Espagnols ont été dispersés partout, ma jonction avec les autres est très difficile. Et quand bien même nous arriverions à nous rejoindre, nous serions très inférieurs à l'ennemi. » Quelques jours plus tard, le 23 novembre, le ton est plus grave encore : « Adieu ma chère Hester. Si je me tire de nos difficultés actuelles et si je puis l'emporter sur les Français, je retournerai vers vous avec joie. Sinon mieux vaut que je ne quitte jamais ce pays. »

En attendant le retour de son ami et de ses frères, Hester quitte l'ambiance délétère de Londres pour le pays de Galles et redécouvre les joies de la campagne. Elle s'installe dans un cottage dans le petit village de Builth Wells. La compagnie de ses voisins fermiers, des tenants de l'auberge et des villageois, la réconforte. Aucun regret pour les relations mondaines et artificielles de Londres ! « Le sol de ma chaumière était en terre battue... J'allais au marché et à la foire, trayais les vaches, vendais du bétail, dressais des chevaux et j'étais aussi heureuse que j'aurais pu l'être ailleurs. J'ai tenu mon rang quand mon devoir me conduisait sur les marches du trône, je n'étais pas moins considérée au pays de Galles avec mon tablier à carreaux, ou montée sur ma jument avec vingt livres de beurre sous les bras[1]. »

C'est là qu'elle reçoit, un jour de février 1809, la visite d'un ami de John Moore, le colonel Anderson. En voyant l'expression du colonel, Hester comprend qu'un malheur est arrivé. À la tête de ses maigres troupes face aux nombreux fantassins français, John Moore a perdu la bataille de la Corogne, au nord de l'Espagne. Un boulet de canon lui a fracassé l'épaule et déchiqueté le bras, les côtes et les poumons. Le

1. Hester Stanhope à Crauford Bruce, 23 septembre 1812.

jeune frère d'Hester, Charles, a été tué lui aussi d'une balle en plein cœur.

Malgré ses atroces souffrances, John Moore est mort en héros, raconte Anderson.

« Les Français sont-ils battus ? s'inquiète le général.

– En pleine déroute.

– Je suis content. J'espère que mon pays me rendra justice. J'ai peur d'être long à mourir, c'est un grand embarras. »

John Moore était le protégé de William Pitt. Le nouveau Premier ministre, William Cavendish-Bentinck, et les députés critiquent violemment la tactique du général. Hester, prenant la défense de celui qu'elle aurait pu épouser, écrit au Premier ministre : « Quelques-uns des ministres actuels auront entendu parler de la confiance illimitée que Pitt avait en Sir John Moore… J'ai très peur qu'ils le persécutent au-delà de la tombe en déformant sa mémoire et en lui enlevant les honneurs qu'il a si bien mérités de sa patrie. »

Dénigré par ses compatriotes, l'héroïsme de Moore sera reconnu par son ennemi, le maréchal français Soult. C'est lui qui fera construire un monument sur sa tombe à La Corogne pour rendre hommage à son courageux adversaire.

Hester est dévastée. Chez cette personnalité orgueilleuse et flamboyante, la colère succède rapidement au chagrin. Que la bonne société londonienne lui tourne le dos, peu importe ! Mais qu'elle ne célèbre pas comme il se doit le général Moore et néglige la mémoire de William Pitt qui a consacré sa vie à l'Angleterre, au mépris de la sienne, elle ne le supporte pas. Ces êtres poudrés, maniérés, obséquieux avec les puissants ne lui inspirent que du dégoût. Tous ces bien-pensants sont prompts à critiquer, à calomnier tandis qu'ils ne font que courir les salons. Tous des flagorneurs, des corrompus, des lâches ! hurle Hester dans son cottage.

Le village, la forêt, les rosiers et les arbres fruitiers en fleur lui paraissent maintenant un décor de théâtre. Seule, isolée à la campagne, elle sombre dans une profonde dépression. Elle a perdu en peu de temps tous les êtres qu'elle aimait et qui donnaient un sens à son existence : son père spirituel William Pitt, sa grand-mère bien aimée, son frère préféré, Charles, et John Moore avec qui elle espérait construire sa vie. Mais s'imaginait-elle vraiment épouse de général ? Se voyait-elle maîtresse de maison, recevant dans son salon toute la bonne société anglaise qu'elle déteste ?

Se tournant vers sa famille, elle constate que ses sœurs sont aspirées dans une vie familiale conventionnelle. Son frère aîné Philip Henry n'est préoccupé que par l'ascension de sa propre carrière. L'originalité obsessionnelle de son père la fascine, mais son égocentrisme le rend inaccessible. Elle se rapproche de son plus jeune frère, le capitaine des grenadiers James, vingt et un ans, qui rentre de la guerre d'Espagne et qui a vu mourir John Moore et Charles. Quand il vient rendre visite à sa sœur à Builth Wells, James confie à Hester qu'il a assisté aux tout derniers moments du général Moore. « Il m'a demandé d'approcher, et il a murmuré : "James, rappelez-moi, je vous prie, au souvenir de votre sœur." Après quoi, il a rendu l'âme. » Hester est ébranlée.

James doit repartir sur un bateau militaire pour rejoindre son régiment d'infanterie dans le sud de l'Espagne. Voilà une perspective pour Hester : profiter du bateau de son frère et embarquer avec lui ! Loin de l'Angleterre où elle s'ennuie. Loin du froid et du brouillard. Loin des drames et de la dépression qui l'accable.

Farewell England

Elle se rendra d'abord en Espagne, profitant du bateau militaire qui emmènera James jusqu'à son affectation. Ensuite, Hester n'a pas de projet très précis. En France, les guerres incessantes de Napoléon contre les Britanniques ne favorisent pas l'accueil de visiteurs anglais. Elle avait adoré l'Italie. Pourquoi ne pas y retourner ? Découvrir la Sicile, riche de sites archéologiques. Elle ne sait pas non plus combien de temps durera le voyage : un an, deux ans peut-être. Le cottage et la petite maison de Londres sont vendus. Ces sommes, ajoutées à la pension de mille livres que William Pitt a négociée avant de mourir pour sa nièce, lui donnent les moyens de voyager très confortablement avec sa suite. Car une lady, au début du XIXe siècle, ne voyage pas seule et sans bagage. Elle engage trois personnes. En premier lieu, Elizabeth Williams, qui était naguère au service de William Pitt, ce qui suffit à inspirer la plus grande confiance à la jeune femme. Ann Fry est recrutée comme femme de chambre. La santé d'Hester, âgée de trente-quatre ans, est devenue fragile après le décès de trois personnes qu'elle aimait. Ses crises de neurasthénie inquiètent ses proches qui l'encouragent à partir avec un médecin. Charles Meryon, vingt-sept ans, tout récemment sorti de l'école de médecine, est flatté d'être choisi pour accompagner une lady que son rôle à Downing Street a rendue célèbre. Il tiendra dès le départ le journal de ses voyages aux côtés d'Hester, un document précieux et très détaillé qui nous permet de suivre au jour le jour les aventures de Lady Stanhope.

Le 10 février 1810, Hester et sa suite embarquent à Portsmouth, à bord de la frégate le *Jason.* Cap au sud, vers l'Espagne et la Méditerranée. C'est un navire militaire, un trois-mâts rapide, fleuron de la marine anglaise : six cent soixante tonneaux, trente-deux canons, deux cent quinze hommes d'équipage. Hester regarde sans émotion s'estomper la côte anglaise dans le froid brouillard de février. Son pays évoque pour elle des deuils, des conventions, des jours de solitude mélancolique. Elle cherche la chaleur, la lumière, un ailleurs imprévisible. Elle ne reverra jamais l'Angleterre.

Michael Bruce pendant son voyage à Paris
en 1816 par Augustin Neveu.

Chapitre II

Le temps de la passion

Cap sur Gibraltar. Plusieurs bateaux voguent de concert aux côtés du *Jason* pour déposer vivres et marchandises sur le rocher. La navigation est difficile dans le golfe de Gascogne en plein hiver. Pendant sept jours, l'équipage affronte orages et coups de vent. Le 6 mars 1810, alors que la traversée touche à sa fin, la tempête disperse le convoi et entraîne le *Jason* sur les hauts-fonds de Trafalgar. Quand le bateau atteint Gibraltar et jette l'ancre dans la baie, après plus de trois semaines d'une navigation très éprouvante, les passagers découvrent avec enchantement le printemps précoce de la Méditerranée. Des orangers en fleur, des parfums inconnus.

À peine débarqué, James Stanhope doit rejoindre son régiment à Cadix car l'armée britannique s'apprête à combattre les soldats de Napoléon qui ont envahi presque toute l'Espagne. Leur cavalerie est à cinq kilomètres des remparts de Gibraltar. De nombreux aristocrates espagnols sont réfugiés sur le rocher. Hester ne souhaite pas s'attarder. Un mois après son arrivée, elle cherche à quitter cette minuscule colonie et à poursuivre son voyage à travers la Méditerranée.

Liberté chérie

Pour la première fois de sa vie, à trente-quatre ans, Hester n'est pas accompagnée par un membre de sa famille. Une aventure encore extrêmement rare pour une femme de 1810. Les aventurières se débarrasseront de leurs crinolines – et de leurs maris – cinquante ans plus tard, dans la seconde moitié du XIXe siècle. Hester Stanhope est une pionnière, elle ouvre la voie de l'émancipation féminine.

Peu à peu, elle abandonne toute contrainte, tout itinéraire. Son but n'est pas de découvrir le monde, elle part pour fuir un passé trop douloureux, calmer son chagrin. Elle voyage pour exister, devenir elle-même. Avoir perdu en quelques mois toutes les personnes qu'elle aimait l'a rendue aigrie. Avoir fréquenté très jeune les cercles du pouvoir lui a ôté ses illusions sur la nature humaine. Elle ne se sent plus à sa place dans sa famille ni dans l'univers des héritiers aristocrates. Inconsciemment, elle sait qu'il n'y a pas de retour possible. Elle n'a plus de maison, personne pour consoler sa solitude. S'arrêter à Palerme, le but initial de son voyage ? C'est encore trop proche de l'Angleterre, trop européen. Et puis, en Sicile aussi, les troupes napoléoniennes menacent. Découvrir Athènes ? Pourquoi pas ! Constantinople ? Le Caire ? Damas ? Plus loin peut-être ? La première escale sur la route de l'Orient, c'est Malte.

Justement, un bateau de la Royal Navy doit s'y rendre. Le 7 avril, Hester et sa suite embarquent sur le *Cerbère*, huit cents tonneaux, trente-deux canons, deux cent soixante-dix hommes d'équipage. Deux semaines plus tard, le 21 avril, jour de Pâques, ils accostent La Valette, capitale de Malte, accueillis par un concert de carillons venus de toutes les églises, de toutes les chapelles. De nombreux Anglais vivent à Malte depuis que les soldats britanniques en ont chassé les Français en 1800. Le gouverneur de l'île, le général Oakes, offre l'hospitalité à Lady Stanhope dans son palais de San Antonio. L'île est un jardin d'Éden : vigne, citronniers, myrte, grenades, lauriers roses enchantent Charles Meryon qui prétend que même un marshmallow jeté à terre pourrait pousser aussi haut qu'un noisetier ! Le jeune docteur a tout loisir de se promener dans l'île et il consacre de longues pages de son journal à ses observations botaniques et aux femmes maltaises. Il visite l'île, se fait discret, car « milady » vient de rencontrer un jeune homme de vingt-trois ans, Michael Bruce, arrivé à Malte quelques jours après Hester.

Mister B.

Michael est né à Bombay le 28 mai 1787. C'est le fils aîné d'un banquier qui a fait fortune en Inde. Son père, fondant de grands espoirs sur lui, l'a envoyé à quinze ans au collège d'Eton, comme tous les garçons issus de l'élite britannique, puis à Cambridge. Après avoir terminé leurs études, il était d'usage que les fils de grands bourgeois entreprennent un voyage à travers le monde qui pouvait durer plusieurs mois, parfois plusieurs années, aux frais de leurs parents, dans le but de compléter leur éducation et d'ouvrir leur esprit. Cela s'appelait le « Grand Tour[1] ». C'est ce que fait Michael, en compagnie de deux jeunes hommes, Lord Sligo et Lord Ebrington. Il écrit à son père, Crauford Bruce, qu'« étudier le livre du monde est plus utile que tous les livres savants qui n'aient jamais été écrits ». Michael, à vingt-trois ans, est très séduisant, il a l'allure d'un dandy romantique, redingote, col montant et lavallière ; des cheveux mi-longs en broussaille descendent sur ses tempes, un regard bleu, franc, éclipse l'aspect juvénile de son visage. Il est charmeur, cultivé, riche. Il peut dépenser sans compter la fortune de son père, connu pour être très généreux. En Inde, Crauford Bruce aide volontiers les

1. Expression utilisée en français en Grande-Bretagne.

personnes en détresse ; originaire d'Écosse, il est le principal mécène de l'université d'Édimbourg.

Hester est attirée par lui. C'est une femme blessée qui retrouve dans ce jeune homme la spontanéité qu'elle a perdue. Lui est impressionné par cette jeune lady dont la famille est l'une des plus prestigieuses d'Angleterre. Un événement dont il informe immédiatement son père : « J'ai rencontré ici Lady Hester Stanhope. Je la trouve plus agréable, plus intelligente et mieux informée que les amis avec lesquels je voyageais. Je les ai donc quittés pour me joindre à son groupe. [...] Lady Hester, qui est maintenant ma compagne de voyage, est une femme des plus remarquables. Elle a hérité toutes les qualités de son illustre grand-père. Sa santé a été très éprouvée depuis cinq ans et demeure précaire. J'espère que le changement de climat la rétablira non seulement au physique mais au moral. »

Michael n'avoue pas encore à son père la force du tourbillon qui l'emporte. L'accord entre Hester et Michael est immédiat, un coup de foudre réciproque. Tout à leur passion, ils ne se cachent pas et vivent rapidement sous le même toit. Le palais de San Antonio abrite leur idylle, au grand dam du docteur Charles Meryon qui ne peut s'empêcher d'exprimer une certaine jalousie dans son journal : « M. Bruce est avec nous à Malte. Étant donné son âge, les agréments de sa personne et sa réputation de galanterie, sa présence auprès d'une femme non mariée ne manquerait pas de faire scandale s'il s'agissait de toute autre personne que Lady Hester. Mais elle trouve moyen d'échapper au blâme qu'une autre s'attirerait dans les mêmes circonstances. Elle se porte mieux et commence à avoir de l'éclat. »

Malgré le rétablissement spectaculaire de sa patiente, le jeune médecin n'aime pas Michael Bruce, qui se place désormais entre lui et Hester. Elle le mettait toujours en avant dans la société, il est maintenant tenu à l'écart comme un témoin gênant. Meryon, qui a économisé pour faire des études de médecine, est choqué par le train de vie de Michael qui dépense énormément d'argent pour faire la fête, organiser des dîners somptueux. Contraint de supporter la présence de celui qu'il considère comme un banal séducteur qui ne mérite pas sa milady, Charles Meryon pourrait faire de Michael un camarade de voyage – ils ont pratiquement le même âge. Bien au contraire ! Dans son journal, il ne désignera plus Michael Bruce que par « Mr B. » : « Je ne l'aime pas. Il pousse Lady Hester à s'éloigner de moi beaucoup plus que sa bonté habituelle ne l'aurait fait. Ils sont partis dîner dehors, deux fois, sans m'inviter », se lamente Meryon.

À Londres, les commentaires se déchaînent. On raconte que l'aristocrate altière, qui régnait sur la société londonienne du temps de Pitt, se compromet avec un nouveau riche… Hester s'en moque, se réjouissant probablement de transgresser les convenances. Sa passion lui donne toutes les audaces. Pour couper court aux rumeurs des médiocres, elle prend l'initiative d'écrire la vérité au père de Michael, le banquier Crauford Bruce. Alors qu'elle connaît Michael depuis moins de deux mois, elle adresse le 20 juin 1810 une lettre courageuse dans laquelle elle avoue ses sentiments au père de son amant. Qu'on n'attende pas d'elle des intentions mesquines ! Magnanime, fière, elle rendra sa liberté à Michael, elle ne l'épousera pas ! Elle se sacrifiera pour ne pas gêner sa réussite sociale. Michael reviendra à sa famille, retrouvera les conventions de la société bourgeoise[2]. « Vous avez sans doute déjà entendu dire que j'ai fait la connaissance de votre fils. L'élévation et la qualité de son esprit qui font pressentir en lui un futur homme d'État, ses dons brillants, sans parler de sa magnifique prestance ne pourraient laisser indifférent aucun esprit sensible. Le connaître, c'est l'aimer et l'admirer – et je l'aime et je l'admire. Ceci, j'entends que vous ne l'appreniez pas indirectement, afin que vous ne vous mépreniez pas sur la nature des sentiments que je lui porte, ni sur mes intentions à son égard. Vous pourriez croire qu'il est tombé dans les filets d'une femme sans scrupule qui aurait usé de

---

2. C'est le début d'une correspondance abondante entre Crauford Bruce, Lady Hester et Michael. Les lettres ont été retrouvées dans une malle en 1944 par l'arrière-petit-fils de Michael, Ian Bruce, qui les a publiées sous le titre *The Nun of Lebanon*, Londres, Collins, 1951.

tous ses artifices pour faire de lui son esclave. N'ayez aucune de ces appréhensions. L'affection que je porte à votre fils ne peut que me pousser à voir son intérêt. Dès maintenant, tout en l'aimant à la folie, je prévois le jour où il me faudra l'abandonner à la femme trois fois heureuse qui sera vraiment digne de lui. »

Hester pense qu'elle est la mieux placée pour parfaire l'éducation de Michael, de manière à faire de lui l'homme d'État dont rêve son père. « Quand il aura trouvé sa voie et sera devenu un homme public, alors, telle une impératrice détrônée, je m'effacerai, laissant à une autre la possession de cette perfection à laquelle elle seule aura droit. Si vous me connaissiez, Monsieur, je me flatte qu'il ne serait pas nécessaire de vous prouver la sincérité de mes intentions, mais comme vous ne me connaissez pas, sachez qu'il n'est pas de promesse solennelle que je ne sois prête à faire à ce sujet. […] Ne vous méprenez pas cependant sur le ton d'humilité de cette lettre car je suis l'une des femmes les plus fières qui soient, assez fière pour mépriser complètement l'opinion du monde. Mais quand je m'adresse au père de celui que j'aime, une sorte de crainte révérencielle me saisit. J'ose espérer, Monsieur, que j'aie su vous l'exprimer ainsi que la confiance et le respect avec lesquels j'ai l'honneur de rester sincèrement vôtre… »

Le même jour, Michael écrit à son père pour lui dire qu'il partage les sentiments de Lady Hester : « Loin de me sentir honteux, je suis fier de vous avouer mon amour sincère et mon admiration pour elle. [...] Sa lettre prouve qu'elle vous tient en très haute estime et vous devriez en être flatté. Sa conduite est tout à fait honorable. S'il y a une faute, c'est moi le seul coupable, et vous êtes en droit de me punir. »

Après leurs aveux, les amants anxieux attendent la réponse de Crauford Bruce. Quelle sera la réaction de ce respectable Écossais, membre de la Chambre des communes, banquier, directeur d'une société prospère entre Bombay et Londres ? Voudra-t-il se venger ? Empêcher son fils de poursuivre le voyage en lui coupant les vivres ?

La tension est de plus en plus forte entre Michael et Charles Meryon qui envisage de rentrer en Angleterre. Hester s'y oppose fermement et trouve un arrangement : ils dîneront tous les soirs tous ensemble. S'il n'y a pas d'autres invités, Meryon sera prié de se retirer dans ses quartiers. S'il y a de la compagnie, Meryon pourra rester, et s'il y a des sorties, le docteur sera autorisé à les accompagner.

À Malte, au mois de juillet, la chaleur est accablante. Hester se plaint de maux d'estomac, de fièvre. Elle perd l'appétit. Elle veut poursuivre le voyage jusqu'à Constantinople, puisqu'elle est certaine maintenant que Michael Bruce et Charles Meryon l'escorteront. Le capitaine du bateau *Belle Poule* assure une liaison commerciale régulière entre Malte et Corfou. Il propose d'embarquer Lady Hester et ses compagnons vers les îles Ioniennes, que les Britanniques ont repris aux Français l'année précédente, en 1809, à l'exception de Corfou, restée française. Ils quittent Malte sans Elizabeth Williams. La dame de compagnie souhaite rester sur l'île car elle aussi est tombée amoureuse, d'un marin maltais…

Les Anglais débarquent le 8 août sur la petite île ionienne de Zante, sur la côte ouest de la Grèce. Là encore, Charles Meryon décrit avec enchantement sa découverte des villages aux murs blancs et de la nature prolifique où abondent les oliviers, les cyprès, les raisins dorés. Après quelques jours seulement à Zante, « fleur du Levant », Hester et les cinq personnes qui l'accompagnent (Michael, Charles Meryon, Ann Fry et deux domestiques d'origine allemande) embarquent pour Corinthe, où ils arrivent le 7 septembre, après une nuit de navigation sous les étoiles le long du détroit de Corinthe.

Toujours pas de réponse de Crauford Bruce qui n'a reçu les lettres conjointes des amants qu'à la mi-août, avant de prendre connaissance d'une lettre anonyme qui les dénonce : « Votre fils a pris pour maîtresse une femme très maligne, Lady Hester Stanhope. Elle veut se faire épouser. Il y a un grand danger pour votre fils, et vous devriez remuer ciel et terre pour rompre cette liaison. »

Homme d'affaires en vue et homme politique, Crauford est habitué aux lettres anonymes et ne tiendra pas compte des calomnies venant d'un « vieil ami » qui n'a pas le courage de signer de son nom. Le 20 août, il répond à Lady Hester : « Madame, j'ai eu l'honneur de recevoir votre lettre, et j'avoue qu'à la première lecture, j'en fus grandement déconcerté. Après l'avoir relue plusieurs fois, je ne peux que vous remercier de votre franchise et de votre sincérité. » Crauford précise avec malice qu'Hester n'est pas la première personne à louer les qualités exceptionnelles de son fils, qui depuis l'enfance est doué d'un puissant charisme. « J'ai toujours pensé, poursuit-il, que lors de ses premiers contacts avec le monde, un jeune homme a tout à gagner à la fréquentation d'un esprit féminin. Les avis d'une femme intelligente et cultivée sont souvent mieux accueillis que ceux d'un homme. [...] C'est pourquoi, au nom de votre illustre grand-père et de votre fidélité à la mémoire du regretté William Pitt votre oncle, je me permets de vous demander d'imprimer dans l'esprit de mon fils tout ce que l'hérédité de ces hommes éminents vous a transmis de leur génie, en bref de tenir l'engagement que vous avez pris spontanément dans la lettre que j'ai sous les yeux. [...] Notre correspondance a commencé sous de singuliers auspices, et bien que je ne sois guère en mesure de la maintenir sur un pied d'égalité avec vous, j'ai le plus grand désir de la voir se poursuivre. »

Il répond aussi à son fils en l'assurant de sa tendresse paternelle, mais il y ajoute un mot moins indulgent quelques jours plus tard : « Je vous parle, mon cher Michael, sans idée préconçue mais comme un homme qui connaît la nature humaine et je vous affirme que rien de bon ne peut être construit en marge de l'ordre établi et dans le mépris de l'opinion du monde. Je vous demande de considérer que pour un instant de délicieux enivrement, vous risquez de compromettre cette respectabilité qui reste la route la plus sûre vers le succès. »

Les lettres de Crauford n'arriveront qu'à l'automne 1810, lorsque Michael et Hester seront en Turquie.

Aux portes de l'Orient

À Corinthe, le bey, représentant du gouvernement turc, accueille les Anglais au nom du sultan. La Grèce est sous domination ottomane depuis le XVe siècle. Le vieil homme dépêche sa femme et ses douze concubines auprès de Lady Hester. Les hommes sont priés de sortir. Les femmes aussitôt dévoilent leurs visages, sans savoir que les hommes les observent à la dérobée. Un bruit derrière le rideau met les femmes en alerte et les curieux manquent de provoquer un incident. Il faut tous les talents d'Hester, formée à la diplomatie quand elle travaillait auprès du Premier ministre, pour calmer les femmes et le bey. Par la suite, les harems ottomans n'auront plus de secret pour Charles Meryon qui y sera appelé en qualité de médecin pour soigner les jeunes femmes cloîtrées dès l'âge de la puberté, à treize ans.

Les Anglais quittent Corinthe et atteignent le Pirée cinq jours plus tard. Au moment où leur bateau entre dans le port, ils voient un homme enjamber le parapet du quai et sauter dans la mer Égée. Ils reconnaissent le poète George Byron, dont les exploits de nageur sont en Grèce plus célèbres que ses poèmes. Byron, qui n'a que vingt-deux ans, a coutume de traverser le détroit des Dardanelles à la nage. Il est invité à monter sur le bateau mais le courant ne passe pas entre Hester et lui. « Je n'aime guère cette chose étrange qu'on appelle une femme d'esprit. Je l'ai vue trop peu pour bien la connaître, mais elle ne me semble pas se distinguer de ses congénères, si ce n'est par son mépris des conventions[3]. » Hester n'est pas plus amicale : elle ne le trouve pas beau et juge ses poèmes mauvais.

À Athènes, Michael et Hester louent une petite maison près du Parthénon, dans le quartier de la Plaka, qu'elle aménage avec soin. « Je l'ai souvent vue transformer une maison nue, avec des trous dans les murs, des planchers et des portes, en un appartement douillet », écrit Charles Meryon. Pourtant, ils ne restent

3. Lord Byron à Lord Broughton.

que cinq semaines à Athènes, pressés de découvrir Constantinople et la Turquie.

Le 16 octobre, les Anglais prennent place sur l'un des nombreux bateaux qui assurent la liaison entre Athènes et Constantinople. L'équipage traverse le détroit des Dardanelles – autrefois appelé l'Hellespont – le 24 octobre à midi. Long d'un kilomètre, il relie la mer Égée à la mer intérieure de Marmara. Deux citadelles en gardent l'entrée. Le bateau avance lentement entre deux mondes : « Côté européen, le paysage était plus fier, mais la douceur de la côte asiatique la rendait beaucoup plus attirante, douce et languide. »

Pour atteindre la capitale turque, il faut traverser la vaste mer de Marmara. Le voilier essuie une tempête et l'équipage, au lieu de veiller à la bonne tenue du bateau, en profite pour rançonner ses passagers en leur disant que cela paiera un *ex-voto* à saint Georges si jamais ils en sortent vivants. Ils arrivent sains et saufs à Constantinople où Lady Hester est débarquée dans une chaise à porteurs pendant que son escorte marche à ses côtés jusqu'à Pera, le quartier réservé aux étrangers, sur la rive européenne du Bosphore.

Constantinople, Turquie

Le choc de l'Orient. Couleurs, parfums, vitalité, lumière. Hester est emportée dans un tourbillon de sensations. Ensorcelée par l'énergie enivrante qui se dégage de la ville, de ses souks sombres et animés. À l'aube, la prière lancinante du muezzin exalte sa béatitude. Constantinople lui offre une renaissance, loin de Londres et de ses deuils.

Pour que sa joie soit parfaite, elle arpente les rues de la ville à cheval, assise en amazone, bien décidée à braver les nombreux interdits, notamment celui de ne pas caracoler un vendredi, lors de la traditionnelle sortie du sultan Mahmoud pour se rendre à la mosquée. Les Anglais ce jour-là se mêlent à la foule et se croient plongés dans un conte des *Mille et Une Nuits*. Une gigantesque procession précède l'arrivée du monarque : les premiers sont les porteurs d'eau dans des outres de peau arrimées sur leur dos, non pour étancher la soif de quiconque mais pour humecter le chemin, évitant ainsi que le cortège ne soit noyé dans la poussière. De part et d'autre de la rue, une double rangée de janissaires – de jeunes soldats regroupés dans un corps d'élite dévoués au sultan au point qu'il leur est interdit de se marier –, tandis que des gardes arborent leurs fouets pour impressionner et contenir le peuple. Soudain, apparaît un Turc à la barbe noire sur un cheval richement caparaçonné. C'est le porteur de café du sultan. Suivent les porteurs de tabouret, porteurs d'épées, porteurs de drapeaux. Enfin les hautes personnalités du régime : le Capitan pacha, le bey Kakhya, le Grand Vizir[4], tous vêtus de riches pelisses et de ceintures ornées d'or et de diamants…

Tout d'un coup, le vacarme tumultueux de la foule s'interrompt. Chaque Turc replie sa longue robe sur sa poitrine, croise ses mains par-dessus, baisse la tête et, dans un murmure, prie Allah et Mahomet de préserver la prospérité de la famille royale. Personne ne peut voir le sultan, dissimulé derrière de grands panaches de plumes. On ne peut qu'admirer son étalon blanc couvert de rubis, d'émeraudes et d'or.

Derrière le cavalier royal, le ministre des Plaisirs, dont le visage déformé est hideux, suivi de cinquante eunuques, de nains et de trois cents jeunes pages, ceux-là très beaux, habillés de blanc. Enfin, des serviteurs jettent de la menue monnaie à la foule mais si les hommes se battent pour ramasser les pièces, ils sont immédiatement fouettés. « Entre les pièces et les coups distribués à égalité, le spectacle est total », écrit Charles Meryon. Lorsque le sultan entre dans la mosquée Sainte-Sophie, les portes se referment sur les « infidèles » que sont Hester et ses compagnons.

Comme il est interdit aux étrangers de séjourner dans la ville de Constantinople, Hester loue une char-

4. Dans la hiérarchie ottomane, le sultan est le titre porté par les rois depuis l'an 1000. Le vizir est un ministre du sultan, le bey est un haut dignitaire, vassal du sultan, l'émir est un prince en pays musulman, le pacha est le gouverneur d'une province.

mante maison au village de Therapia[5], à une dizaine de kilomètres de la capitale, au bord du Bosphore. Pendant que Charles Meryon exerce ses talents de médecin auprès des princes et des princesses des harems, la passion politique habite encore Lady Stanhope. Elle reçoit aussi bien l'ambassadeur de Grande-Bretagne Stratford Canning, qu'elle connaît depuis Londres, que le Capitan pacha, ministre des Armées et de la Marine du sultan, qui accepte de lui faire visiter un bateau de la flotte turque. Elle monte à bord en tenue militaire, long manteau vert, pantalon à bretelles et bicorne sur la tête. À ceux qui sont choqués, elle répond que c'est une tenue « beaucoup plus décente qu'une robe qui laisse les épaules et la poitrine d'une femme à moitié nues ».

Hester continue de filer le parfait amour avec Michael Bruce. C'est à Therapia qu'ils reçoivent une lettre de Crauford Bruce, en réponse à leurs aveux amoureux. Michael est ému à la lecture de la lettre généreuse de son père et, malgré ses mises en garde, il tient à épouser celle qu'il aime. Hester ne veut pas se marier, renoncer à son nom pour devenir Mme Bruce. Le mariage, ce serait l'esclavage, les obligations mondaines, les possibles enfantements… Non, elle ne supporte aucune limite à sa liberté, et puis elle imagine que tôt ou tard, leur différence d'âge de onze années pèserait sur leur

5. Aujourd'hui Tarabya.

relation flamboyante. Hester réaffirme fermement ses intentions à Michael et à Crauford Bruce avec la fierté et l'aplomb qui la caractérisent : « Je me considère comme supérieure à ces ladies qui se marient pour un titre, une maison ou un collier de diamants, avec l'intention d'être des épouses infidèles. Je ne veux pour juges que Dieu et ma conscience. »

Pour Hester, être libre, c'est conserver tous les pouvoirs sur sa vie. Aucune compromission. Aucune concession. Elle ne veut pas trop s'attacher à celui qu'elle « aime à la folie ». Ne pas s'oublier. Ne pas céder à la tentation de s'abandonner. Ne pas renoncer à ses décisions, à ses désirs. Vivre intensément chaque instant, voyager sans s'arrêter, se nourrir de paysages et se réinventer à chaque rencontre. Non, elle ne se mariera pas ! Pour cela, elle devrait tôt ou tard rentrer en Angleterre, et il n'en est pas question !

Elle imagine un moment qu'elle pourrait s'installer dans le sud de la France. À Therapia, elle fait la connaissance du chargé d'affaires de Napoléon, le général de Latour-Maubourg. Elle lui demande en secret d'intervenir en sa faveur auprès de Napoléon afin d'obtenir un visa de séjour en France. On peut s'étonner qu'elle nourrisse une grande admiration pour Napoléon dont les batailles incessantes sont à l'origine de la mort de John Moore et de son frère Charles. « Lady Hester a toujours vivement pris parti pour la France », écrit Charles Meryon dans son journal. Mais un Anglais travaillant pour l'ambassade britannique aperçoit par hasard Lady Stanhope et Latour-Maubourg marchant le long du Bosphore. L'ambassadeur Stratford Canning l'accuse de trahison envers son pays.

L'hiver 1811 à Constantinople est particulièrement froid. En février, la capitale est couverte d'une épaisse couche de neige. En mars, s'enchaînent les tempêtes. Hester regrette d'avoir quitté Athènes si vite car le climat y est moins rude qu'en Turquie.

Au printemps, les amants décident d'aller en Anatolie, à Brousse, au bord de la mer de Marmara, une ville célèbre pour ses hammams et son climat délicieux. « Au pied du mont Olympe, Brousse est au cœur d'une plaine immense, plus riche et plus belle que toutes celles que j'ai vues, couverte d'arbres, de fleurs, de buissons. Les chevaux sont les meilleurs que j'aie jamais trouvés ! Et les femmes, comme elles sont belles ! Elles vont aux bains avec tous leurs bijoux, lient leurs cheveux avec des fleurs, s'asseyent sous les arbres pour manger et parler jusqu'au soir[6]. » Quand elle ne se rend pas aux bains, Hester se consacre à sa passion des chevaux qu'elle trouve particulièrement racés en Turquie. Elle chevauche tous les jours avec Meryon et Michael.

À Brousse, une rumeur court dans la ville : Lady Stanhope est-elle vraiment une femme ? Elle ne se

6. Hester Stanhope au général Oakes, avril 1811.

voile pas le visage contrairement aux Turques couvertes jusqu'au bout des ongles. Elle s'habille comme un homme et porte un turban. Elle monte à cheval en amazone, ce que font les femmes ottomanes uniquement si elles sont assises sur un dromadaire. Quand Hester se rend aux bains, il arrive que les femmes se cachent au cas où elle serait un homme déguisé. Lady Stanhope ne cherche pas à choquer, mais elle refuse de se plier aux coutumes locales. Sa qualité d'étrangère lui donne, estime-t-elle, tous les droits. Comme femme, elle peut entrer dans les harems, comme étrangère, elle parle d'égal à égal avec les Turcs. Elle sait aussi que, si elle résidait en Angleterre, ses excentricités vestimentaires seraient impossibles et qu'elle ne pourrait s'affranchir des contraintes de la société à laquelle elle appartient.

En Turquie, la situation des femmes choque Charles Meryon : « Dès qu'elles sont mariées, elles ont l'interdiction de voir un autre homme que leur mari dont elles sont de véritables esclaves. Elles le suivent humblement à quelques pas derrière lui. S'il s'assied, elles ne peuvent s'asseoir qu'à une certaine distance qu'après que leur maître a été servi. Quand il veut entrer au harem, il frappe dans ses mains à la porte et les femmes doivent être prêtes immédiatement pour l'accueillir. Toutefois, les Turques peuvent demander le divorce. Ce qui se produit facilement et fréquemment, selon les lois musulmanes. »

Quand les Anglais reviennent à Constantinople après deux mois passés à Brousse, ils apprennent que le feu a ravagé une partie de la ville. Le banquier de Lady Hester y a laissé la vie. Autre mauvaise nouvelle : sa demande de visa pour la France est refusée. Que faire ? Où aller ? Pas question de passer un deuxième hiver à Constantinople. Il y fait trop froid ! Retourner à Athènes ? C'est tentant pour la douceur du climat mais Hester n'a pas envie de retrouver les nombreux Anglais qui y vivent. Voyageant ensemble depuis dix-huit mois, les amants désirent poursuivre leurs découvertes. L'Égypte les attire. Henry Pearce, un ami de Michael, décide de les accompagner. La femme de chambre d'Hester, Ann Fry, et son médecin, Charles Meryon, seront bien sûr du voyage.

Ils louent un bateau grec pour se rendre de Constantinople à Alexandrie. À bord également, un cuisinier et son marmiton, un maître d'hôtel et cinq serviteurs. On charge les nombreux bagages de Lady Hester et de ses compagnons. Pour la traversée de la Méditerranée orientale, le capitaine embarque des tonneaux de vin, des volailles et des moutons vivants. Tout est prêt pour lever l'ancre le 23 octobre 1811. Le voyage s'annonce exquis dans la lumière de l'automne en Méditerranée. Mais c'est un cauchemar qui les attend.

L'épreuve

La mer met à l'épreuve ceux qui la prennent à la légère. Naviguer, c'est faire l'expérience de la fragilité et de l'endurance. Dès la sortie du Bosphore, des vents contraires poussent l'équipage à se réfugier six jours dans l'archipel des îles des Princes, au sud-est de Constantinople, dans la mer de Marmara. Puis ils franchissent les Dardanelles où le bateau est obligé de s'abriter des vents du nord pendant dix jours dans l'île grecque de Scio, près de la côte de Turquie. Premier incident : un soldat turc manifestement ivre se dispute avec un marin de l'équipage grec. Le ton monte. Le soldat sort son arme et tire une balle qui manque le marin mais traverse la moustiquaire accrochée au-dessus du lit de Lady Hester. L'homme est arrêté, amené devant le gouverneur qui dit à Lady Stanhope qu'elle est libre de lui infliger n'importe quelle sanction. « Je ne souhaite pas autre chose que l'application des lois de son pays », répond-elle.

La navigation se poursuit sans encombre jusqu'à Rhodes où ils s'arrêtent pour faire des provisions d'eau et de pain frais. Un mois après avoir quitté Constantinople, ils hissent de nouveau les voiles le 25 novembre. Cap sur Alexandrie. Le temps est clément, la mer belle et peu agitée. Mais, deux jours seulement après leur départ, le ciel devient noir, le vent se lève. Le capitaine ordonne de réduire la voilure mais le vent forcit, la mer se fait grosse et menaçante. Pendant la nuit, la tempête fait rage. Les vagues s'écrasent sur le pont et malmènent le bateau de bois. Dans les cales, l'eau monte et le capitaine constate que la coque a subi une importante avarie. Tout le monde est mis à contribution pour écoper avec des seaux car les pompes ne fonctionnent pas ! Hester s'habille, emporte prudemment quelques pièces d'or dans une petite boîte et entreprend de distribuer elle-même ses propres réserves de vin aux marins pour leur donner du courage. La tempête se déchaîne. Deux marins grecs se jettent à genoux sur le pont. Tantôt ils prient, tantôt ils hurlent de terreur. Le capitaine fait demi-tour et reprend la direction de Rhodes que l'équipage aperçoit au petit matin à deux milles nautiques. Il tente de jeter une ancre flottante pour ralentir le bateau devenu fou et incontrôlable. Cela ne suffit pas. Charles Meryon court dans sa cabine pour prendre un sabre, son pistolet et quelques billets. Quand il remonte sur le pont, le canot de sauvetage est déjà mis à l'eau. Trente-quatre personnes y ont pris place. Il embarque le dernier avec le capitaine. À la rame, au prix d'immenses efforts et dans des embruns terrifiants, ils atteignent un rocher où ils réussissent à accoster. Dans leur hâte, ils ont oublié d'emporter de l'eau et des vivres.

Pendant l'évacuation, Michael a aidé les hommes d'équipage à vider l'eau des soutes. Hester est restée très calme. Elle s'endort épuisée dans une grotte minuscule pendant que le capitaine décide de gagner Rhodes avec quelques marins pour chercher du secours. S'ils arrivent à traverser et à rejoindre l'île, ils allumeront un grand feu sur la plage pour prévenir les rescapés.

Hester, Michael, Meryon, Pearce et la plupart des hommes d'équipage attendent sur le rocher. Au matin, toujours pas de feu sur la plage. Les bourrasques sont encore très violentes. Au soir du deuxième jour, les naufragés distinguent un point noir sur l'horizon. Les secours arrivent enfin, avec des vivres, de l'eau et de l'arak, une eau-de-vie de vin. « Un autre danger se présentait, écrit Charles Meryon. Les marins avaient bu à terre, ils étaient saouls et voulaient repartir tout de suite, de nuit, vers Rhodes. C'était très dangereux. Ils étaient très déterminés. » Pas le choix : il faut embarquer. Les matelots rament de toutes leurs forces contre le vent et contre le courant. Les vagues submergent la chaloupe plusieurs fois. Mais l'effort contribuant à dessaouler les marins, les naufragés arrivent à bon port sur l'île.

Ils trouvent refuge dans un moulin pour y passer la nuit, commencent par faire un feu. La pluie ne cesse de tomber à travers le toit troué. Ann Fry ne veut pas rester à l'intérieur de la ruine envahie de rats et de puces. Le lendemain, le meunier les conduit sur des ânes jusqu'au village aux maisons tout aussi misérables. Hester n'a pu sauver du naufrage que deux manteaux, un médaillon et une tabatière. La seule chose qu'elle regrette amèrement, c'est la mort d'un adorable petit chien qu'ils n'ont pas pu emmener sur la chaloupe. « Je le pleure tous les jours[7] », écrit-elle à un ami.

Une capacité de résilience hors du commun

Hester, « installée sur un lit de paille », écrit immédiatement au père de Michael pour lui dire que « la conduite de son fils a été admirable pendant le naufrage. Jamais dans les pires moments, il n'a perdu sa présence d'esprit pour organiser le sauvetage ». Michael donne les détails de leur mésaventure à son père, louant lui aussi « l'intrépidité et le sang-froid de sa maîtresse, qui n'a pu sauver que deux pelisses, sa brosse à dents et sa brosse à cheveux ». Michael, lui, n'a plus que les vêtements qu'il portait sur lui. Il a perdu ses papiers, ses pistolets, son épée et avertit son père qu'ils devront tout racheter, ce qui causera d'importantes dépenses. Le détail en est minutieusement fourni : il en coûte six cents livres sterling pour racheter des vêtements et des armes, cinq cents pour louer une maison et l'équiper, payer des serviteurs, des bakchichs aux autorités, louer des chevaux, etc. Crauford Bruce paiera sans hésiter.

7. Hester Stanhope au général Oakes, décembre 1811.

Charles Meryon part chercher du secours à la ville. Il va frapper à la porte du bey qui ne veut rien entendre. Qui sont ces Anglais qui ont fait naufrage ? Qui est cet homme qui se dit médecin et qui a l'air d'un clochard dépenaillé dans ses habits déchirés et puants ?

Les Anglais décident que Meryon se rendra par voie terrestre à Smyrne[8] pour trouver de l'argent auprès d'une banque anglaise et acheter des vêtements. Pendant ce temps, Hester et ses compagnons marcheront jusqu'à un village qu'on leur a indiqué, Lindo, où ils pourront trouver une maison confortable. Leur périple à pied dure trois jours, à raison de six à huit heures de marche par jour. Ils arrivent morts de faim et de fatigue. Charles Meryon est revenu rapidement de Smyrne à cheval. Il rapporte des vêtements pour tous. Sarouel, gilet, babouches, caftan… Hester adopte immédiatement ces vêtements amples et plus simples que ses tenues habituelles anglaises. « Trouver ici des vêtements anglais est impossible. Impossible aussi de s'habiller en femme parce qu'alors, je ne pourrais pas parler ouvertement avec des hommes. Je porte l'habit des Turcs, non pas comme ceux que vous voyez en Angleterre mais celui des Turcs d'Asie : une sorte de longue robe de voyage, avec une chemise de soie et de coton. Par-dessus une veste de soie rayée, couverte par une autre à manches longues, travaillée avec de

8. Aujourd'hui Izmir.

magnifiques couleurs. Une paire de larges poches, une ceinture où on peut accrocher des pistolets, un couteau et un sabre court. Une autre sacoche de cuir sur l'épaule permet de transporter de la poudre pour les pistolets. » La tenue est complétée par des bottes et un turban multicolore, décoré sur un côté par une bande de fleurs naturelles. « Voilà le vêtement commun en Turquie, écrit-elle à son ami Murray le 2 janvier 1812. Les vêtements des riches ont en plus de l'or et des broderies. Mais moi, pour le moment, j'ai plutôt l'air d'une pauvre canaille, moitié turc moitié grec. »

Hester Stanhope a été la première Européenne à porter le sarouel, un vêtement masculin qui deviendra, à la fin du XIXe siècle, un symbole d'émancipation largement utilisé par les suffragettes et les féministes, bien avant que les femmes adoptent le pantalon.

La perte de tout ce qui la reliait à son passé – robes, bijoux, vaisselle, livres – n'affecte pas une femme comme Lady Stanhope, qui y voit au contraire la possibilité de s'alléger d'objets sans importance et de reconstruire son personnage, avec une capacité de résilience hors du commun. « Je ne sais pas pourquoi, mais je me sens chez moi avec les Turcs, et je peux obtenir d'eux ce que je veux. C'est tout autre chose avec les Grecs qui se battent sans cesse et sur qui vous ne pouvez pas compter. » Avec Michael, c'est toujours l'idylle sans nuage. Le naufrage les a soudés. Il a vu que sa compagne avait une endurance et un courage à toute épreuve. Elle a eu la preuve que son compagnon avait du cran et du self-control. Parmi les Turcs, ils se sentent libérés des convenances. Quelle exaltation de vivre ensemble de telles aventures !

Averti de la présence sur l'île de Rhodes de la nièce de William Pitt, le consul britannique accourt et lui propose toute l'aide dont les naufragés ont besoin. Après leurs péripéties, Hester et Michael hésitent sur leur prochaine destination. Le consul les informe que s'ils souhaitent poursuivre leur voyage vers l'Égypte, un navire de la Royal Navy croisera au large de Rhodes et pourra faire un détour pour prendre Lady Stanhope et ses compagnons à son bord.

Après une traversée paisible, ils arrivent dans le port d'Alexandrie à la fin du mois de janvier 1812. « Quand on arrive par la mer, écrit Charles Meryon, la vue d'Alexandrie, entourée de remparts, est magnifique. De nombreux navires mouillent dans le port. Mais quand on entre à l'intérieur, c'est bien différent. » Pour Hester, « l'endroit est hideux, et si toute l'Égypte ressemble à cela, je préfère partir le plus vite possible ».

Égypte, au pas de course

Depuis près de vingt ans, l'Égypte est à la mode en Europe. De nombreux récits de voyageurs ont été publiés en France, en Angleterre, en Hollande, en Italie.

Le *Voyage en Égypte et en Syrie* (1787) de l'orientaliste français Volney a connu un tel succès qu'il a incité Bonaparte à conduire la campagne d'Égypte. Il avait débarqué au printemps 1798 avec cinquante mille soldats, huit cents chevaux et cent soixante savants et artistes, chargés d'étudier la civilisation égyptienne, la flore et la faune. Son objectif était aussi de bloquer la route des Indes aux Britanniques.

En moins de deux heures, Bonaparte avait battu les Mamelouks qui dirigeaient l'Égypte depuis plus de deux siècles au nom du sultan de Constantinople. Mais quelques mois plus tard, l'amiral Nelson ayant coulé la flotte française à Aboukir, les Français s'étaient rendus et avaient quitté l'Égypte en août 1801. Les Britanniques victorieux sur Bonaparte s'arrogèrent aussi les découvertes des savants français, dont la précieuse pierre de la ville de Rosette qui est conservée au British Museum. Pour déchiffrer les hiéroglyphes, en 1822, Champollion n'aura à sa disposition qu'un moulage de la fameuse pierre.

Quand Hester et ses compagnons arrivent au Caire douze ans après le départ de Bonaparte, l'empreinte de la brève occupation française est encore perceptible. D'après Meryon, les Français ont introduit ici beaucoup plus de liberté que partout ailleurs dans le monde ottoman. Le consul de France d'origine italienne, Bernardino Drovetti, est un ancien soldat de l'expédition Bonaparte qui a choisi de rester en

Égypte. Il reçoit les voyageurs et leur raconte comment il a accompagné Chateaubriand dans son périple en Orient en 1806. Au cours d'une soirée au consulat de France, Hester rencontre le Français Vincent Boutin, qui se présente comme un archéologue aventurier. Il a traversé le désert jusqu'à la mer Rouge, visité le célèbre monastère du mont Sinaï, voyagé jusqu'à Assouan… « Ne seriez-vous pas plutôt un espion à la solde de Napoléon ? », lui lance Hester, troublée par ce personnage séduisant qu'elle retrouvera au Liban quinze ans plus tard.

Avant son arrivée en Égypte, Hester Stanhope a fait prévenir le pacha Mehemet Ali. Il l'accueille dans un ravissant kiosque de son harem. Des divans et des sofas, des tapis de velours brodés d'or entourent une fontaine au centre du pavillon. Un délicieux sorbet de couleur verte leur est d'abord proposé dans des coupes de verre. Du café dans des tasses chinoises et pour finir un narguilé orné de pierres précieuses qu'Hester refuse car elle n'a pas encore appris à le fumer.

Le pacha est honoré par la visite d'une lady qu'il reçoit avec un faste digne d'une princesse. C'est un homme riche qui a fait fortune en vendant des céréales et du riz aux Anglais et en s'arrogeant le monopole de tout commerce avec la Grande-Bretagne. Il a affermi son pouvoir pendant la période de désordre qui a suivi l'expédition française et la défaite des Mamelouks.

Ceux-ci avaient tenté de reprendre le pouvoir que leur avait ôté Bonaparte. Mehemet Ali, ambitieux et cruel, avait convié les chefs mamelouks à un repas fastueux à l'issue duquel il les avait tous fait assassiner. Débarrassé de ses opposants, il règne en maître sur l'Égypte, avec l'aval du sultan de Constantinople. C'est lui qui amorce la transformation économique de son pays, cherchant à en renforcer la puissance afin de rivaliser un jour avec l'Empire ottoman.

Le pacha donne à Hester un magnifique cheval arabe qu'elle expédiera en Angleterre pour l'offrir au duc d'York. Pour ne pas être en reste, le bey Abdul, haut fonctionnaire ottoman qui représente le pouvoir turc, lui fait cadeau d'un cheval tout aussi racé qui partira par le même bateau à destination de Lord Ebrington. L'échange de cadeaux avec ses hôtes est une coutume orientale qu'adopte Hester. Pour l'instant, c'est Crauford Bruce qui paye les présents offerts par les voyageurs pour s'attirer les bonnes grâces des différents pachas et émirs.

Michael Bruce reçoit lui aussi un sabre et une étole de cachemire. Peu sensible aux paysages égyptiens, il est encore bouleversé par le naufrage qui a failli lui coûter la vie. Il ne voit plus son avenir de la même façon et l'écrit, du Caire, à son père : « Ne dépensez pas d'argent pour m'obtenir un siège au Parlement. […] La situation actuelle de l'Europe, la corruption du gouvernement anglais, le changement total de mes sentiments sur la vie m'ont conduit à renoncer à toute carrière publique. Je ne rêve que d'une vie paisible au sein de ma famille. »

Hester éprouve le besoin d'écrire elle aussi à Crauford pour exprimer son total désaccord avec Michael. À bord du bateau qui descend lentement le Nil, elle souhaite que le père de son amant connaisse absolument tout de leur voyage. Elle rassure les parents anxieux en confirmant que Michael se porte comme un charme. « Depuis le naufrage, il n'a jamais été malade. Il a très bonne mine, mange bien, dort bien et supporte parfaitement la chaleur torride. Il a compris, sur mes conseils, l'importance de cultiver la santé de son corps. » Pour Hester, il a tant de dons qu'il ne doit pas les gâcher. « Si j'avais été un homme, poursuit-elle, mon ambition aurait été sans limite. Si j'avais été duc, j'aurais voulu être général. J'aurais instruit cinq soldats avec autant d'ardeur que commandé à cinquante mille hommes. Il m'aurait fallu être célèbre, redouté et aimé par chacun de mes soldats. Sinon je me serais méprisé moi-même. » Bref, Crauford Bruce peut compter sur Hester pour houspiller le jeune homme de vingt-cinq ans, encore trop sentimental !

Le bateau descend lentement le Nil jusqu'à Damiette, près de Port-Saïd, où les Anglais embarquent à destination de Jaffa le 10 mai 1812. Trois jours après, Hester, accompagnée d'Ann Fry, Michael, Henry Pearce et Charles Meryon, arrive à Jaffa.

Premiers pas au Levant

Fini les réceptions diplomatiques données aux riches Anglais ! Les voyageurs ne rencontrent que de rares compatriotes. Ils s'efforcent d'apprendre le turc et l'arabe, même s'ils engagent encore des interprètes. Lady Stanhope adopte cette fois le costume mamelouk : chemise de satin aux longues manches, veste rouge par-dessus. Pantalons bouffants brodés d'or. À cheval, elle porte un burnous blanc et une cape blanche à capuchon, que Meryon, fasciné par sa milady, trouve d'une grande élégance. « Elle était généralement confondue avec un jeune bey dont la moustache n'aurait pas encore poussé, écrit Meryon. La clarté de son teint passait pour un effet de maquillage. Mais ce goût pour les vêtements masculins était l'objet de vives critiques de la part des Anglais qui visitaient le Levant. »

Jaffa, un village du bord de mer qui compte environ trois mille habitants, est sous l'autorité du pacha Mohammed Aga, qui administre aussi Gaza, Ramallah et Lydda[9]. Il est la terreur des voleurs et des brigands, sa sanction la plus douce étant l'amputation d'une main. Même si elle ignore encore où s'arrêtera le voyage, Lady Stanhope tient à annoncer son arrivée et à se présenter aux autorités chaque fois qu'elle tra-

9. Aujourd'hui Lod.

verse une ville ou un *pachalik*[10]. C'est une manière d'assurer sa sécurité, mais aussi d'être accueillie et hébergée. Jaffa est à cette époque un centre de verrerie d'art « qui n'a rien à envier aux souffleurs de verre de Florence ou de Venise », d'après Meryon. C'est à Jaffa que Pearce quitte le groupe. Hester poursuit donc son périple vers Jérusalem avec Michael, Ann Fry, Charles Meryon et une demi-douzaine de serviteurs.

Hester fait son entrée à Jérusalem sur son cheval, à la tête de vingt cavaliers qu'elle a engagés. « Aucun Européen n'a produit un tel spectacle », s'émerveille Meryon. Toujours cette envie de marquer les mémoires. Enfant mal aimée, Hester a besoin de reconnaissance. Exister dans le regard des autres, elle qui n'a pas eu de mère et que son père a ignorée. Elle exige une visite privée du Saint-Sépulcre. Non seulement elle l'obtient, mais elle entre dans l'église précédée d'une procession : des moines marchent devant elle en tenant des candélabres et en psalmodiant des cantiques. Dans la ville où cohabitent des chrétiens, des musulmans et des juifs, sous la férule ottomane depuis le XVIe siècle, Hester souhaite s'entretenir avec des juifs qui représentent moins de la moitié des habitants[11]. Elle demande à les rencontrer dans leurs maisons, dans leurs quartiers. Les Turcs

10. Province administrée par un pacha.

11. Menashe Harrel, *The Jewish Presence in Jerusalem through the Ages*, Londres, John Day, 1974.

les ont cantonnés à l'extérieur des murs de la ville. Hester s'engage dans des ruelles étroites et sales, les maisons sont délabrées. Une personne est désignée pour répondre aux questions de Lady Stanhope : un juif de Venise, avec qui elle peut converser en italien. Il semble que la barrière de la langue ait empêché d'autres échanges entre Hester et les juifs de Jérusalem. Pour le dimanche de Pâques, les Anglais se mêlent aux quatre mille pèlerins qui visitent le Saint-Sépulcre. Parmi eux, peu d'Européens : trois Espagnols, un Allemand, aucun Français.

Le 30 mai, après avoir loué dix chameaux, huit mules et six chevaux, toujours aux frais de Crauford Bruce, les Anglais se rendent à Ramallah, située à une quinzaine de kilomètres, simple étape sur le chemin de la Syrie. Ils chevauchent à travers des champs de blé et de céréales. À l'approche de Ramallah, Meryon note dans son journal un événement qui le laisse stupéfait : un nuage de sauterelles vertes avance inexorablement en formant une ligne très droite. Si une maison se trouve sur leur passage, les insectes ne dévient pas, ils la recouvrent entièrement, comme si elle était soudain emballée dans un tissu vert brillant. Les champs de blé disparaissent sous leurs pattes que rien ne peut arrêter.

Toutes ces régions ont été annexées en 1516 par l'Empire ottoman. Un territoire immense, qui comprend la Palestine et la Syrie et s'étend du mont

Taurus au nord à la péninsule du Sinaï au sud, limité par la Méditerranée à l'ouest et le fleuve Euphrate à l'est. La Syrie ottomane était divisée en quatre *pachaliks* : la province de Damas, la plus étendue, couvrait les plaines du Hauran et de la Bekaa au Liban. La province d'Alep était la plus au nord. La province de Tripoli s'étendait le long de la côte méditerranéenne de Lattaquié à Byblos et enfin, celle de Saïda-Acre se prolongeait de Byblos jusqu'à Gaza.

Le nom de Liban désignait à cette époque seulement le Mont-Liban, une région montagneuse qui jouissait d'une certaine autonomie sous la tutelle de ses émirs héréditaires, eux-mêmes inféodés au gouvernement ottoman.

Sur le chemin de Damas

La caravane de Lady Stanhope, composée de vingt-quatre cavaliers, muletiers et chameliers, poursuit sa route vers le nord. À Nazareth, Hester décide de partir de nuit, pour éviter de voyager sous le soleil impitoyable du mois d'août. Mais sur le chemin escarpé, son cheval heurte une pierre et tombe, la cavalière se retrouve coincée sous l'animal. Elle est emmenée au couvent des franciscaines avec une entorse et immobilisée pendant une semaine. C'est à Nazareth que Michael rencontre un homme, jambes et pieds nus, parlant parfaitement l'anglais, qu'il prend pour un Syrien. Il s'agit de Johann Burckhardt, un Suisse de trente-cinq ans, orientaliste déjà célèbre en Europe pour ses voyages extraordinaires en Égypte, en Arabie et en Syrie. Il est l'un des très rares Occidentaux à être allé à Palmyre. Michael le présente à Hester. Ensemble, ils évoquent la cité du désert, ses tribus, ses dangers. Si, jusqu'à présent, Palmyre était un projet imprécis, il n'y a plus aucun doute maintenant dans l'esprit de Lady Stanhope. Elle ira à Palmyre ! Elle sera la première Européenne à entrer dans la ville perdue au milieu du désert de Syrie.

De Saïda, elle écrit à l'émir des druzes, « le prince de la montagne libanaise », pour lui annoncer son désir de le rencontrer. L'émir Béchir invite Hester et ses compagnons à venir chez lui à Deir-el-Qamar. Il leur offre une escorte de douze chameaux, vingt-cinq mules et quatre chevaux.

Dans la montagne libanaise, un massif qui longe la Méditerranée du nord au sud, les sommets s'élèvent de mille à trois mille mètres d'altitude. L'hiver, ils sont couverts de neige ; en été, des torrents et des rivières jaillissent des cimes, apportant une délicieuse fraîcheur. Le Mont-Liban est habité par des chrétiens maronites et des druzes, installés essentiellement dans sa partie sud, appelée le Chouf.

La confession druze est née en Égypte au XIe siècle, à l'initiative de deux ismaéliens, Hamza et al-Darazi, lequel a donné son nom à la secte. Considérés pendant des siècles comme des hérétiques par les musulmans parce qu'ils refusent de reconnaître la loi islamique, la *charia*, les druzes ont été persécutés à la fois par les sunnites et par les chiites. C'est pour protéger leur communauté que les chefs religieux, les cheikhs, ont imposé le principe de *taqiyya* – le secret des rituels – et l'endogamie.

L'émir des druzes, Béchir Chehab, fait une excellente impression à Lady Stanhope : « Le prince est un homme modéré et aimable. Je suis la première voyageuse qu'il autorise à marcher dans son palais qui a été le théâtre de plusieurs massacres. [...] J'ai passé deux jours avec lui. Il est si méfiant qu'il demande à un de ses serviteurs de goûter ma tasse de café au cas où elle serait empoisonnée. Cet homme assis sur ses genoux me paraît particulièrement solennel[12]. » Elle comprendra des années plus tard pourquoi cet homme est si méfiant. Terriblement cruel, il deviendra son pire ennemi.

Mais lors de cette première rencontre au palais de Beiteddine, l'entente entre l'émir et la Lady est parfaite. Leurs conversations durent des heures, ils partagent café et narguilé assis sur les banquettes recouvertes de poufs chamarrés qui sont placées tout autour d'un salon, cœur de la maison orientale. Au

12. Hester Stanhope au général Oakes, août 1812.

centre, de fines colonnes de bois, sur lesquelles le soleil, à travers les moucharabiehs, dessine des dentelles de lumière.

Hester reste chez les druzes pendant tout le mois d'août 1812. Le caractère ésotérique de cette secte l'attire, même si elle sait, n'étant pas née druze, qu'elle n'aura jamais accès aux livres de la sagesse, ni ne pourra y être initiée, mais elle aime l'austère compagnie des cheikhs, les chefs religieux, qui n'éludent aucune question. « Il y a une grande différence entre nous et les musulmans, explique l'un d'eux, mais cette différence ne suffit pas pour dire que nous ne sommes pas musulmans. Nous avons nos propres livres, mais ce sont des explications particulières du Coran. Il y a autre chose qui nous caractérise : nous croyons que chaque homme est une petite pièce de la grande roue de Dieu[13]. »

L'un des fondements de la foi druze, la métempsychose, intéresse particulièrement Hester. Pour les druzes, il n'y a ni enfer ni paradis. La récompense et l'expiation se font sur terre au cours des vies successives, pendant lesquelles l'homme a la possibilité de s'améliorer. Les druzes sont convaincus que l'esprit humain ne peut pas exister sans le corps, de même que la communauté ne peut pas exister sans la terre. « Le corps est à l'esprit ce que le mot est au sens,

13. Propos recueillis par l'auteur.

ce que la terre est à la communauté[14] », disent les cheikhs.

Dans les villages du Chouf, Hester découvre la vie des paysans druzes. Cultivateurs ou éleveurs, ils font vivre la communauté. Elle note dans ses lettres sa surprise de les voir manger la viande crue. Pour remercier les villageois de leur hospitalité, elle leur offre un énorme mouton qu'hommes et femmes dévorent cru en moins d'une demi-heure. « Rien que sa queue pesait onze livres, raconte Hester. Je me sens si à l'aise avec ces gens que je peux leur poser toutes sortes de questions que personne n'oserait leur poser. Mais interdiction de poser des questions religieuses, car on serait tué sans que ni l'émir Béchir ni le gouverneur puissent l'empêcher. »

En quittant Deir-el-Qamar le 27 août, Lady Stanhope offre des cadeaux à ses hôtes selon la coutume : deux mille piastres, soit l'équivalent de cent livres sterling à l'émir Béchir, à ses secrétaires, son maître d'hôtel, ses cuisiniers, des étoffes d'Alep et de l'argent.

Sa prochaine destination : Damas, à quatre jours de cheval du Mont-Liban. Il faut franchir un col à deux mille mètres d'altitude. Sur la crête, les cèdres du Barouk dessinent une ligne violine, puis la descente est très abrupte dans la vallée de la Bekaa. Tout le long

14. *Ibid.*

du chemin et jusqu'aux portes de Damas, des champs d'orangers, de citronniers, des figuiers. Parfois, en traversant un village, la petite caravane fait une halte près d'une fontaine. L'air est délicieusement parfumé de jasmins et de micocouliers. Aux derniers jours du mois d'août, il fait très chaud, l'ombre est douce sous la treille.

De Deir-el-Qamar, Lady Hester a envoyé un messager au pacha de Damas, Saïd el-Suleiman, qui a été porteur de l'épée du sultan, insigne honneur ! Son voyage n'est pas celui d'une aventurière. Hester Stanhope reste une femme marquée par ses années passées dans la politique, jouant habilement de son rang pour voyager avec confort et sécurité. Le pacha de Damas répond que la noble Anglaise est attendue avec plaisir mais il précise qu'elle doit se présenter voilée car Damas est la ville la plus intransigeante de Turquie. Hors de question évidemment de venir habillée en homme. Mais Lady Hester n'en tient pas compte. Personne, fût-il pacha ou émir, ne lui dictera ce qu'elle doit faire ! Elle répond qu'elle entrera à Damas en plein jour et habillée comme elle le décidera. Dans tous les cas, sans voile. Et c'est ce qu'elle fait !

« Mon entrée à Damas n'est pas le moindre de mes exploits. C'était dangereux à cause du fanatisme des Turcs dans cette ville. Mais notre entrée fut triomphale et nous fûmes logés dans une ravissante maison du quartier chrétien, ce que je ne souhaitais pas.

Il me fallait prendre le taureau par les cornes et me poster sous le minaret de la grande mosquée. Nous avons obtenu de nous installer pour trois mois dans le quartier turc[15]. »

Elle est reçue par le pacha un soir de fin de ramadan. Le Turc veut faire étalage de sa richesse pour impressionner les Anglais : deux mille personnes et gardes sont alignés le long des escaliers, les rues sont illuminées, la ville est en fête. Le pacha Saïd el-Suleiman, apprenant la passion de Lady Stanhope pour les chevaux arabes, lui offre lui aussi deux pur-sang, qu'elle essaie immédiatement.

Les Turcs sont subjugués. Une femme qui porte des armes et qui monte à cheval comme un homme, non seulement au pas, mais au grand galop, ils n'avaient jamais vu cela ! Ils la prennent pour une déesse, s'inclinent sur son passage. « Les Derviches me considèrent comme un prodige et m'ont donné un petit morceau de la tombe de Mahomet. » Elle est admise dans la bibliothèque de la grande mosquée et a pu « feuilleter des livres qu'aucun chrétien n'a jamais vus ».

Loin d'être insultée car elle marche sans cacher son visage, elle est traitée avec infiniment de respect. La foule se presse dans les rues pour la voir monter à cheval, tantôt en amazone, tantôt à la manière mascu-

15. Hester Stanhope à Lord Sligo.

line. On l'appelle « Meleki », la reine. Du marc de café est répandu sur son chemin et tous les commerçants se lèvent pour la voir entrer dans le *bazar*, comme on le fait pour le pacha. Comme tous ceux qui transgressent l'ordre établi, elle fascine. Cette étrangère ose défier les lois islamiques, elle n'obéit pas au pacha, ne connaît pas la peur. Les difficultés, le danger, au contraire, la galvanisent.

La situation est tendue à Damas. Le pacha redoute une attaque des tribus wahhabites d'Arabie. C'est ce qu'explique Hester dans une lettre à son ami gouverneur de Malte, le général Oakes : « Chaque jour, on s'attend à une bataille. Un messager envoyé de La Mecque au pacha de Damas dit que plusieurs milliers de dromadaires montés par des Wahhabites seraient en direction de Damas qu'ils avaient déjà essayé de prendre quelques années auparavant sans succès. Ils étaient partis en brûlant tous les villages derrière eux. » Hester n'a pas l'intention de s'éterniser. Son but, c'est la cité de la reine Zénobie dont tous les Syriens lui ont raconté la légende, l'ancienne oasis sur les routes de la soie : Palmyre.

Charles Meryon en costume bédouin, anonyme.

Chapitre III

La reine de Palmyre

« Dans quelques jours je partirai pour Palmyre, habillée comme le fils d'un chef arabe, avec mon *aba*, ma ceinture de cuir et une lanière de crin de cheval autour de la tête, chevauchant le cheval que le pacha m'a offert... Je vais visiter une tribu d'environ quarante mille arabes et en rencontrer cent mille lors de leur marche vers leurs quartiers d'hiver. Avec eux, je suis tout à fait à l'aise. J'ai de bons amis parmi eux et je ne doute pas que tout ira bien... Ce qui me surprend le plus, c'est l'extrême civilité des Turcs envers une chrétienne car ils détestent les chrétiens beaucoup plus ici que dans les autres parties de l'Empire ottoman. Une femme en tenue d'homme, une femme à cheval, tout cela s'oppose à leurs principes et pourtant, jamais un sourire impertinent, je suis totalement libre d'aller où je veux ! J'essaie de penser comme Pangloss que tout est pour le mieux dans le meilleur des mondes. Si je n'avais pas fait naufrage, je n'aurais rien vu ici. Si j'étais née homme au lieu d'être née femme, je n'aurais pas pu entrer dans tous les harems comme je l'ai fait car tout ce qui est le plus magnifique pour un Turc se trouve dans son harem[1]. » Hester Stanhope montre ici sa capacité de rebondir. Le naufrage, loin de la briser, l'a libérée. Elle qui a regretté si souvent d'être née femme, y voit maintenant de nombreux avantages. Si, en Angleterre, sa condition féminine la condamnait à la soumission du mariage, en Syrie ottomane, elle jouit d'une liberté totale. Enfin, pour voyager sans être inquiétée et affirmer son autorité, elle se fait passer pour un homme quand c'est nécessaire.

Un soir, un *efendi*[2] l'invite à dîner sans Michael car elle est reçue dans le jardin clos du harem. Hester se sent si bien qu'elle s'attarde jusqu'à dix heures, une heure après le couvre-feu imposé par le pacha dans toute la ville. Toute personne passant dans la rue après neuf heures du soir peut avoir la tête coupée. À défaut d'avoir recours à des lois, le pacha gouverne par la peur. « D'ailleurs, écrit-elle au général Oakes, le pacha coupe une tête ou deux chaque soir ! »

1. Hester Stanhope à Stratford Canning, 18 janvier 1813.
2. Titre turc porté par les fonctionnaires, ministres ou savants.

La nouvelle Zénobie

Michael et le consul d'Angleterre à Damas décident, contre le gré d'Hester, d'aller à Alep dans le but d'engager une caravane pour le voyage à Palmyre. C'est un voyage risqué, l'autorité ottomane ne s'exerçant pas au milieu du désert, domaine des Bédouins. Michael est inquiet. Le consul suggère de louer une carriole tirée par des mules, un *tartaravan*. Cela provoque la colère d'Hester qui répond à l'Anglais qu'aucun consul dans tout l'univers ne lui imposera quoi que ce soit. Elle trouve cette idée absurde et dangereuse car ils risqueraient d'être coincés dans la carriole : les cochers s'enfuiraient et les laisseraient à la merci de deux mules obstinées. Hester a appris qu'une caravane composée de plusieurs centaines de personnes et de cinquante hommes en armes a été attaquée par des tribus arabes entre Homs et Damas et seize hommes ont été tués. « Alors, qui a raison, moi ou le Consul ? »

Pendant que Michael se trouve à Alep, Hester s'offre un avant-goût du désert. Par l'intermédiaire du pacha de Damas, elle fait la connaissance du chef de la tribu des Anisys Mohanna el-Fadel, qui l'invite dans son campement et lui propose son fils Nasser comme guide de voyage. Assise dans le sable, Hester mange avec les doigts le plat commun, boit du lait de chamelle, dort au campement. Cette vie de nomade lui plaît. À perte de vue, des chameaux. Le soir, ils sont des centaines à venir boire au campement. Autour du feu, de vieux poètes des rives de l'Euphrate chantent les prières et les exploits des anciens héros… Au milieu des enfants nus, des femmes aux ongles peints, aux lèvres bleues, Hester est exaltée : « Quel bonheur de pouvoir connaître ces régions où vivent des milliers d'êtres humains dont les seuls biens sont des chevaux et des chameaux… L'urine des chameaux a la propriété de tuer la vermine ; en gouttes et mélangée au lait, elle est le meilleur purgatif. C'est, avec quelques herbes, le seul médicament que ces gens possèdent. Ils semblent parfaitement heureux[3]. »

Encore émerveillée par son séjour parmi les nomades, Hester retrouve à Damas Michael et le consul Barker de retour d'Alep, agacée d'avoir dû les attendre. « S'ils ne s'étaient pas mis en tête de vouloir assurer ma sécurité, je serais déjà revenue de Palmyre », fulmine-t-elle, en admettant qu'il n'est pas *fair-play* d'exprimer sa colère à des personnes qui veulent votre bien.

D'un commun accord, ils décident d'attendre le printemps pour le voyage à Palmyre. Charles Meryon part en éclaireur. « Si je n'ai pas hésité à l'expédier

3. Hester Stanhope à Crauford Bruce.

ainsi, c'est qu'il est utile aux Arabes puisqu'il soigne leurs malades. Ils vont donc le ménager », écrit-elle au père de Michael.

Le couple décide de passer la mauvaise saison à Hama, à quelques kilomètres au nord de Homs. Détestable hiver, le pire qu'ait connu la Syrie depuis trente ans. Il pleut puis il neige, l'eau tombe dans toutes les pièces. Des villages entiers sont emportés par les inondations.

Charles Meryon, revenu de Palmyre, est méconnaissable dans sa tenue de Bédouin : il porte un turban et une djellaba, et comme il ne s'est pas rasé depuis des semaines, une épaisse barbe noire couvre son visage. Parlant maintenant le turc et l'arabe, il a voyagé sans encombre et a pu passer inaperçu.

Entre Hester et Michael, la tension monte. Lorsqu'elle reste trop longtemps inactive, elle déprime, ce qui inquiète Meryon. Mais le docteur a confiance en la résistance de sa milady. « J'ai eu maintes fois l'occasion d'observer ses grandes ressources pour résister à la fatigue. Quand elle voyage, son état s'améliore toujours », écrit-il.

Le départ est fixé au 20 mars 1813. « Demain, je vais à cheval avec soixante-dix Arabes[4], et je pars enfin à Palmyre. Je suis tellement pressée, je ne peux

4. L'escorte promise par le chef Mohanna el-Fadel, dirigée par son fils Nasser.

pas écrire une longue lettre… Sir David Dundas[5] a insisté pour parler aux chefs arabes, il leur a dit qu'il couperait toutes leurs têtes s'ils ne me ramenaient pas en toute sécurité. Je dois beaucoup à la gentillesse de ce vieil homme qui ne sait comment me rendre service. Il me répète tous les jours que je ne dois pas abandonner mes vêtements turcs[6]. »

Hester a suivi les conseils du vieil Anglais qui a pris sa retraite en Syrie : elle a déposé trois mille piastres (environ cent cinquante livres sterling) pour payer son escorte, mais elle a réglé seulement un tiers de cette somme. Le reste sera versé à son retour. À Damas, beaucoup la croient très riche et déjà courent sur elle toutes sortes de rumeurs. On raconte que son cheval vaut des millions et que ses étriers sont en or pur, qu'elle reçoit chaque matin des pièces d'or du « sultan » anglais, qu'elle porte sur elle un livre où se trouve l'adresse de son trésor caché. Et, plus extraordinaire encore : elle possède une plante qui peut changer les pierres en or. « Je ne peux pas, écrit-elle, entrer dans le détail de toutes les terribles histoires qu'on me raconte sur le danger que nous courons à cause de ces racontars, mais cela ne me dissuadera pas de mon but. »

À la sortie de Hama, les janissaires tentent de contenir les curieux qui se pressent pour voir passer

5. Général en retraite de l'armée britannique, âgé de soixante-dix-huit ans.

6. Hester Stanhope au général Oakes, 19 mars 1813.

le cortège de la « princesse » anglaise. Hester avance en tête, montée sur un magnifique cheval noir, elle tient à la main une lance décorée de plumes. Elle porte une tunique blanche nouée sur l'épaule et une pelisse en laine d'agneau. Sur sa tête, un voile de Bédouin retenu par un lacet en poil de chameau. Elle est escortée par vingt cavaliers bédouins commandés par Nasser, le fils de Mohanna el-Fadel. Ils ont de longues lances, leurs cheveux bouclés tombent sur leurs épaules et un keffich de couleurs vives couvre leur bouche. Suivent trente-neuf chameaux : vingt-deux portent les tentes, les bagages, le bois pour le feu, les provisions – riz, farine, tabac, café, sucre, soupe, casseroles, bottes de rechange. Huit chameaux sont chargés de jarres d'eau et neuf portent le fourrage pour les chevaux. Outre les Bédouins, pas moins de trente-cinq personnes prennent le chemin de Palmyre, à deux cents kilomètres de là : deux interprètes, des mamelouks, quatre Égyptiens, deux cuisiniers, deux porteurs d'eau et la fidèle Ann Fry, tous habillés en Bédouins. À l'arrière, fermant la marche, Michael Bruce et Charles Meryon que leur teint buriné et leur barbe font passer pour d'authentiques chefs arabes. Les deux jeunes hommes, qui n'ont que quatre ans d'écart – ils ont désormais respectivement vingt-six et trente ans –, voyagent ensemble depuis trois ans et ont eu le temps de tisser des liens d'amitié. La méfiance des premiers mois a disparu.

Le deuxième jour, Mohanna el-Fadel vient à leur rencontre et les invite à partager son camp. Hester aime plus que tout les campements sous les étoiles, quand les voix ne sont qu'un murmure assourdi par l'infinie nudité du sable. À l'aube, les hommes préparent le thé tandis que les chameaux un à un se dressent en dépliant lentement leurs longues jambes. Les Anizys sont l'une des nombreuses tribus bédouines du désert. La tribu des Faydan est installée sur les rives de l'Euphrate. Sur la piste, les Anglais croisent aussi les Beni Hez, les Beni Kaleds, la tribu des Sebah.

Au pas ondoyant des chameaux, la caravane s'étire sous le soleil levant. Pas un seul village, pas un seul arbre, du sable et des cailloux à perte de vue. Ils mettront une semaine pour traverser le désert de Syrie.

Hester ne se lasse pas de cette déambulation hors du temps et de l'espace, dans un *no man's land* où elle perd ses repères. Il n'y a plus de lady, plus d'aristocrate, de médecin ou de soldat. Il n'y a que des humains confrontés à leur propre courage. Il y a la fatigue et la soif, la brûlure du soleil et la peur de tribus ennemies qui pourraient surgir de la ligne d'horizon à tout moment.

Michael Bruce, Charles Meryon et Ann Fry sont les seuls Anglais qui accompagnent leur milady. Ils découvrent, éblouis, ces espaces désolés et sublimes. Hester les emporte dans ses rêves fous. Peu importe que le docteur et la dame de compagnie ne touchent aucun salaire, ils savent que, sans elle, ils n'auraient pas vécu aussi intensément. Cette traversée du désert de Syrie au pas des chameaux sera la grande aventure de leur vie.

Au soir du huitième jour, le 28 mars 1813, les hautes colonnes romaines de Palmyre apparaissent dans la lumière dorée du couchant. Ce sont les ruines du temple du soleil. Du désert naît une ville. Du sable surgissent des temples aux frontons altiers. Dans l'oasis verdoyante se dessine un village aux ruelles de terre ocre.

Les villageois arrivent au-devant d'eux en courant. La caravane de Lady Hester s'engage dans une longue avenue bordée de colonnades qui conduit à l'arc de triomphe. Palmyréniens et Anglais sont aussi ébahis les uns que les autres ; les villageois n'ont jamais vu de cortège étranger aussi riche, les Anglais ne s'attendaient pas à un accueil aussi grandiose, même si la visite préliminaire de Charles Meryon a permis de préparer leur arrivée. Sur chaque piédestal se tient une jeune fille âgée de douze à seize ans, « comme une statue vivante » s'exclame Meryon. Chacune porte dans ses mains une guirlande de fleurs. De chaque côté de l'arche ont été placées trois jeunes filles tandis que six autres se tiennent sous la voûte. Quand Lady Hester passe, elles sautent sur le sol et se mettent à danser à ses côtés. « Rien n'aurait pu surpasser la beauté de cette scène, écrit Michael à son père, l'arc sous lequel nous nous trouvions, encore debout, était de magnifique architecture. Les femmes, parmi les fûts brisés de la grande colonnade, formaient un groupe pittoresque, les guerriers se tenaient droits le long de ces imposantes et émouvantes pierres. »

Lorsqu'ils mettent pied à terre, hommes et femmes veulent toucher Hester qui se laisse faire. Devant l'arc de triomphe, les jeunes filles dansent tout autour des Anglais, des enfants, plus beaux les uns que les autres, portent des colliers de fleurs. L'un d'eux, assis au-dessus de l'arc, tient une couronne fleurie sur la tête de Lady Hester. Tandis que la caravane dresse son camp dans le temple du soleil, des troubadours et des poètes chantent et frappent des tambours.

Hester a trente-sept ans. Palmyre représente pour elle le rêve réalisé, le défi suprême, l'apogée de sa gloire en Syrie. Plus rien dans sa vie ne sera comme avant. C'est à Palmyre sans doute qu'elle abandonne toute idée de retour en Europe. « Meleki ! Meleki », murmure la foule. Reine. Reine de Palmyre, reine de Tadmor[7]. Première femme occidentale à entrer dans la ville mythique, elle sera la nouvelle Zénobie, qui a régné sur Palmyre au IIIe siècle de notre ère. « J'ai été couronnée reine du Désert, sous l'arc de triomphe de Palmyre… Toute la Syrie chante mon courage et ma

7. Tadmor est le nom arabe de Palmyre.

victoire[8]. » Bien sûr, elle idéalise : sa couronne est une guirlande de fleurs, son palais, un campement poussiéreux, sa cour, une horde hétéroclite où se mêlent des Bédouins et des Anglais déguisés en nomades sur leurs chameaux fatigués. Sa cité, une oasis modeste bordée de ruines monumentales.

À Palmyre se joue l'éternelle tragédie : la paix, la beauté puis la guerre, la mort. Destruction. Reconstruction. Saccagée, restaurée. Mille fois pillée et toujours vivante. Palmyre, ville-phénix jamais abandonnée, comme une lueur au cœur de la tourmente. La possibilité d'un rêve sans cesse renouvelé.

La ville fut longtemps le carrefour des caravanes de la route de la soie qui y faisaient escale. Du Ier au IIIe siècle, Palmyre était le plus important centre commercial de l'Orient. Sa richesse faisait des jaloux. Attaquée par le Romain Antoine, annexée par Tibère, libérée par l'empereur Hadrien, colonisée par l'empereur Septime Sévère. Ignorée par l'empereur Gallien… Pour les Romains, conquérir Palmyre, c'était s'approprier une forteresse lointaine dans le désert, marquer une frontière aux confins de l'empire.

Sous le règne du prince Odenat, au IIIe siècle, la cité du désert connaît son apogée commercial et artistique. Les grandes familles assurent la richesse de la ville. Odenat, vainqueur du roi de Perse, devient maître

8. Hester à son cousin Henry William Wynn.

de la Syrie, mais il est assassiné en 267[9]. Après sa mort, sa veuve Zénobie compte s'affranchir de la tutelle romaine et étendre le pouvoir de Palmyre de l'Euphrate à la Méditerranée. « Zénobie se conduit en reine… On la verra conquérir l'Égypte, soumettre l'Arabie au passage et inscrire son nom partout à travers le royaume, sur les bornes routières du port phénicien de Byblos[10]. » Elle donne à son fils Wahballat le titre d'empereur d'Orient, fait frapper des monnaies où son fils et l'empereur romain Aurélien sont face à face. Trop provocateur ! Trop audacieux ! Cela signifie que Zénobie entérine le partage de l'Empire romain. Aurélien ne répond pas.

Humiliée, puisque les Romains la méprisent, Zénobie marchera sur Rome. Aurélien ne veut pas lui accorder le pouvoir sur l'empire d'Orient ? Elle prendra tout ! L'Orient et l'Occident. À la tête de son armée, Zénobie avance. La voilà arrivée sur les rives du Bosphore. Le rêve impérial de Zénobie durera deux ans et s'imposera sur un territoire immense, de l'Égypte à l'Anatolie. L'empereur Aurélien, qui combattait les Barbares près du Danube, informé des manœuvres de Zénobie et de son fils, traverse la Bulgarie, franchit le Bosphore. Il refoule les troupes palmyréniennes à Ankara, les poursuit jusqu'à Palmyre où il fait prisonnière la

9. Paul Veyne, *Palmyre*, Paris, Albin Michel, 2015.
10. *Ibid.*

reine en personne. Est-elle emmenée à Rome pour y être exécutée ? Meurt-elle en captivité ? Les légendes courent et les versions diffèrent. Zénobie devient une femme mythique dans tout l'Orient, célèbre pour sa beauté, son énergie et sa force de conviction. Hester se reconnaît en elle : même orgueil, même courage, même détermination.

Après la chute de l'Empire romain, la ville tombe aux mains des Ottomans. Quand Lady Hester y parvient en mars 1813, Palmyre est occupée par des tribus de Bédouins, notamment les Anizys.

Quelques jours après l'arrivée des Anglais, quatre Bédouins espions à la solde d'une tribu ennemie des Anizys sont arrêtés mais deux réussissent à s'enfuir pour avertir leur chef qu'une lady anglaise et sa nombreuse suite sont arrivés à Palmyre et seraient une proie facile. Il faut lever le camp de toute urgence ! Hester ordonne le départ pour le lendemain, 4 avril. Elle ne sera restée que dix jours dans son « royaume ». Mais, de même qu'Alexandra David-Neel arrivant à Lhassa après quatre mois de marche à travers le Tibet n'a pas envie de s'y attarder, de même Hester quitte Palmyre sans regret. Son but est atteint, c'est la seule chose qui compte.

Michael n'a pas eu le temps d'inscrire sur les murs de Palmyre l'élégie qu'il avait préparée et qui fut retrouvée dans ses papiers par son arrière-petit-fils : « Au printemps de l'année 1813, Lady Hester

Lucy Stanhope a visité ce lieu, entreprise digne de ses goûts éclairés, de son esprit ouvert, de son caractère entreprenant et audacieux. Bien loin d'imiter ceux qui se font accompagner d'une escorte pour se protéger contre les Arabes, elle s'est placée entièrement en leur pouvoir et a forcé par ses vertus leur respect et leur admiration. Heureux serions-nous s'il était possible d'espérer que l'illustre voyageuse fût destinée à délivrer ce malheureux pays de la servitude où l'a conduit le despotisme et à restaurer dans son ancienne splendeur cette ville jadis célèbre. »

Il n'y a jamais eu de pierre gravée à la gloire de l'intrépide voyageuse et Palmyre a oublié Lady Hester Stanhope.

La séparation

À Hama comme dans plusieurs villes de Syrie, une épidémie réapparaît dix ans après avoir frappé la région : la peste. On parle de milliers de morts à Damas, vingt mille à Constantinople, sept mille pour la petite ville de Tripoli, au nord du Liban. Hester et Michael s'installent en mai à Lattaquié, un port au bord de la Méditerranée, toujours suivis par Charles Meryon et Ann Fry. De là, ils espèrent se réfugier sur une île pour se protéger de l'épidémie.

Les amants ont risqué leur vie, ils ont réalisé ce que seul le Suisse Johann Burckhardt a fait avant eux. Désormais, ils éprouvent ce que ressentent tous ceux qui reviennent d'un périple palpitant : épuisés, ils ne savent vers où se tourner : Malte ? La Russie peut-être ? Où trouver refuge pour fuir la peste qui les effraie davantage que les tribus guerrières du désert.

Ils ont dépensé sans compter – plus de sept mille livres sterling –, abusant de la prodigalité de Crauford Bruce qui estime que Lady Hester est allée trop loin en entraînant son fils dans ce voyage hasardeux et ruineux. Il bloque le paiement d'une traite signée par Michael, exige le retour de son fils dans sa famille. Il est temps pour lui de s'inquiéter pour son avenir, de trouver un travail. Il n'est pas question non plus qu'il rentre avec Hester Stanhope : « Quelle que soit sa situation lors de votre retour en Angleterre, elle ne pourra pas être reçue chez moi, écrit-il à son fils. Ni votre mère ni vos sœurs ne devront avoir de relations avec elle. J'ai le pénible devoir de vous en informer. Malgré l'affection que je vous porte et ma partialité enthousiaste pour l'intéressée, je ne saurais me soustraire à ce que je dois aux convenances. » Michael répond que « sa mère et ses sœurs y perdront alors qu'elles auraient eu tout à gagner à la fréquentation de Lady Hester, tant par les agréments de son esprit que par l'élévation de ses sentiments ».

Quant à la réponse d'Hester à son « beau-père » : « Je vous prie de vous abstenir désormais de faire allusion à ma situation si vous ne voulez pas connaître le mauvais côté de mon caractère », menace-t-elle. Elle a fait le serment au début de leur relation de rendre Michael à sa famille et de renoncer au mariage, elle est femme à honorer ses engagements. « Si je vous ai fait cette promesse, c'est que je me sentais capable de la tenir, et c'est là, il me semble, tout ce qui vous importe. La plupart des femmes seraient touchées par vos inquiétudes, qu'elles tiendraient pour un hommage. Pas moi ! Celui qui me plaint est bien près de m'offenser ! »

Hester persuade Michael de rentrer en Écosse. Elle ne le suivra pas. Elle est heureuse en Orient. N'est-elle pas reçue avec tous les honneurs par tous les pachas de l'empire ? Sa vie est en Syrie. Michael abdique. « Mon cher Père, comme il nous reste peu d'espoir de voir une frégate aborder ces côtes, Lady Hester a insisté pour que je quitte ce pays sans plus attendre. Croyez bien qu'il m'a fallu pour y consentir faire violence à mes sentiments. »

Michael doit quitter la Syrie sans tarder car l'épidémie de peste a gagné Lattaquié. Tous les bateaux sont contaminés et interdits d'accoster. « Il a fait bien des objections à me quitter, écrit-elle à Crauford Bruce, mais je me suis refusée à les écouter. Me mettre en travers de la carrière d'un homme est une chose que je ne ferai jamais. Je me sens tout à fait chez moi ici. Je souffrirai inévitablement de l'absence de Michael, mais je me consolerai en pensant que nous avons tous deux agi comme il se devait. » Pour ne pas laisser le chagrin l'envahir, elle se met à parler de son amant comme une gouvernante chargée d'un jeune homme fougueux. Déplore sa tenue à cheval : « Un Anglais ne doit pas monter comme un jockey ! » À table, il a pris de mauvaises habitudes avec les Arabes en mangeant avec ses doigts, à même le plat, assis par terre. Il faudra qu'il se ressaisisse. Et qu'il se calme, qu'il cesse de bouger sans cesse et de faire des grimaces « comme un mauvais acteur ».

Relever la tête ! Puiser dans son énergie la force de ne pas céder au désespoir. Le chagrin la submerge. Hester s'est piégée elle-même en jurant de rendre sa liberté à Michael. Cette femme qui place son orgueil avant tout ne cache pas sa douleur : « Si je vous disais ce que j'éprouve, mon bien-aimé, vous ne pourriez en être qu'impressionné… prenez soin de vous pour l'amour de moi. Je ne cesserai de prier pour vous. Vous aimer ne peut être un péché, Dieu écoutera certainement mes prières… Mon pauvre cœur est si plein d'affection pour vous que si je devais exprimer mes sentiments, je n'en finirais jamais ! S'il devait m'arriver quoi que ce soit, ne pensez pas à moi avec regret, mais songez que j'ai connu des moments de bonheur que je n'aurais jamais vécu sans vous. »

Le 7 octobre 1813, après trois ans de vie et d'aventures communes, Michael part à cheval pour Alep, d'où il gagnera Constantinople. Hester reste à Lattaquié avec Ann Fry et Charles Meryon qui regrette le départ de celui qui n'est plus « Mr B. » mais un compagnon d'aventures. Michael a prié le docteur de prendre soin de sa maîtresse. Hester semble perdue, incertaine de son avenir. Parfois, elle imagine vivre en Arabie où les palais, les richesses inouïes d'Ibn Saoud, le prince wahhabite, la font rêver. D'autres fois, elle envisage d'embarquer à Bassora sur un navire anglais et d'aller dans la colonie britannique des Indes. Elle y renonce, de peur sans doute d'y trouver trop d'Anglais !

Si Hester décide finalement de prolonger son séjour en Syrie, c'est qu'une idée la hante depuis quelque temps : celle d'aller chercher un trésor qui se trouverait encore dans la petite ville d'Ascalon. Un projet enfin, une direction ! Elle doit se rapprocher de ce lieu mystérieux qui se trouve dans le sud du Liban. Justement, près de Saïda, où elle est passée l'année précédente en revenant de Jérusalem, elle a remarqué dans le village de Mar Elias un ancien couvent, naguère résidence du patriarche des Grecs catholiques. Elle écrit au patriarche pour lui demander l'autorisation de louer une partie du monastère. La réponse est positive. Elle ira s'installer à Mar Elias.

Épuisée par l'intensité des derniers mois, abattue par le départ de Michael, Hester tombe malade. Le

15 novembre, alors qu'elle fait ses bagages pour partir à Saïda, le docteur Meryon arrive chez sa milady et comprend immédiatement ce qui se passe en voyant son visage : Hester a la peste.

L'épidémie

Au XIVe siècle, la peste a décimé la moitié de la population européenne en cinq ans. Au XIXe siècle, la maladie ressurgit au Moyen-Orient. La plupart des villes où Michael Bruce doit faire étape sont contaminées et Lady Hester est très inquiète pour son amant. Mais c'est elle qui est atteinte. Quant au dévoué Meryon, il ne pourra pas prendre soin de sa patiente car il est frappé par l'épidémie lui aussi. Incapable de se lever pendant douze jours, il appelle à la rescousse deux confrères, un Français et un Italien. Il prévient aussi le consul britannique John Barker qui vient de perdre le même jour ses deux petites filles, victimes de l'épidémie. « Ayant été au chevet de milady pendant sa maladie, écrit Barker, j'ai admiré avec quelle force d'âme elle a lutté contre la mort… Elle m'a donné les instructions pour ses funérailles avec un calme édifiant. Au plus fort de sa souffrance, elle eut l'énergie d'essayer trois remèdes dont chacun, selon les médecins, aurait dû lui être fatal. Elle se faisait faire des saignées, buvait toutes les heures un verre de lait d'ânesse, et elle prenait des bains chauds alors qu'elle avait une forte fièvre. »

Charles Meryon, qui n'est pas encore guéri, se fait porter au chevet d'Hester, convaincu qu'elle va mourir et qu'il lui faut être présent dans ses derniers moments. La fièvre étant très élevée, elle délire. « Pendant quinze jours, je ne l'ai pas quittée, nuit et jour, sans même changer mes vêtements. Pendant une douzaine d'heures, je pensais qu'elle était mourante. »

Michael, en route vers Constantinople, est fou d'inquiétude pour Hester, sans imaginer toutefois la gravité de son état. « La nouvelle de votre maladie, mon cher amour, m'a plongé dans la plus profonde affliction. Si l'issue avait été fatale, je crois que j'aurais perdu la tête… Je ne pense qu'à ma bien-aimée Hester. Si je vous ai parfois peinée involontairement, croyez que personne ne vous aimera jamais plus que moi… Ce sera toujours ma fierté d'avoir aimé et d'aimer la plus merveilleuse femme du monde. » Il en veut à son père de l'avoir obligé à abandonner son amante : « Je n'ai qu'un regret, c'est de l'avoir quittée, mais nous avions reçu de mauvaises nouvelles de votre santé et Lady Hester, avec le noble désintéressement qui la caractérise, m'a pressé de partir… Ne m'a-t-elle pas tout sacrifié ? Ne suis-je pas lié à elle par le plus sacré des liens ? J'attendrai ici des nouvelles de Lady Hester et si elle avait une rechute, j'irais la rejoindre. »

À Lattaquié, l'hiver est arrivé, apportant le froid et la pluie. Pour ne rien arranger, la chambre d'Hester est régulièrement inondée par les trombes d'eau. Son moral est au plus bas. Mais il y a chez cette femme une telle colère, un tel orgueil qu'elle tient tête à la peste. Elle défie la mort. La maladie n'aura pas raison d'elle ! Le 1er janvier 1814, jour prévu pour leur départ à Saïda en bateau le long de la côte du Liban, Hester veut partir quand même mais elle est incapable de tenir debout. Le voyage est repoussé de quelques jours.

Au matin du 6 janvier, elle se lève malgré la fièvre. Portée par deux hommes, Hester est péniblement juchée sur un âne. Les deux hommes marchent à ses côtés pour prévenir toute chute. Charles, Hester et Ann descendent au port de Lattaquié pour embarquer sur un bateau qui les conduira à Saïda, à quatre-vingts milles nautiques au sud.

À bord, Hester est allongée dans la minuscule cabine de l'ancien voilier de bois. Ils font escale à Tripoli, sans descendre. Puis ils longent toute la côte du Liban. Charles Meryon profite du temps très doux pour s'installer sur le pont et jouir du spectacle : les montagnes du Liban dont les flancs viennent lécher la côte méditerranéenne. Leurs sommets couverts de neige se découpent dans le bleu du ciel. Du large, ils voient défiler les villes de Batroun, Byblos, Beyrouth et Saïda où ils arrivent le 11 janvier. C'est à dos d'âne qu'on transporte Hester jusqu'à la demeure d'un ancien consul d'Angleterre qu'elle avait rencontré au retour d'Égypte.

Guérir de la peste, guérir d'un amour perdu

Le 21 février, Hester s'installe au couvent de Mar Elias. Elle regagne des forces et regarde le monde, ses folies et ses vicissitudes du haut du Mont-Liban. « Je prends plaisir à me promener sur un âne offert par l'émir Béchir. Je mange avec appétit ma soupe aux herbes avec du riz », écrit-elle à Michael. Pour éviter de sortir, elle fait un stock de provisions et achète des brebis, une vache, une ânesse. Elle demande à Michael de lui envoyer un fusil pour l'offrir à l'émir. Charles Meryon note un changement dans l'humeur et dans la tenue de Lady Hester qui a maintenant trente-huit ans. La maladie l'a changée. Elle ne fait plus de galops endiablés sur de magnifiques pur-sang, mais se promène tranquillement sur le dos d'un âne. Elle s'habille de manière très simple. Son regard est devenu plus perçant. Meryon trouve qu'elle a d'étranges idées : parfois, elle voit l'avenir et prédit ce qui se passera en Europe. Son caractère est devenu instable, passant de la bienveillance à la crise de nerfs. Mais sa volonté reste inébranlable : lorsqu'elle veut quelque chose, elle l'obtient. À Mar Elias, le patriarche lui accorde tout ce qu'elle demande, même une terre agricole pour cultiver des légumes.

Le monastère est situé au sommet d'un petit mont d'où on peut voir la mer, à quatre kilomètres de là. C'est une construction de pierres avec des toits-terrasses. Au centre, une petite cour carrée avec de maigres orangers. Les pièces sont blanches et nues. Des canapés en maçonnerie sont alignés le long des murs. Charles Meryon ne trouve pas l'endroit à son goût : « C'est pittoresque mais isolé et aride, pas d'arbres, pas de verdure. » Même la vue lui déplaît. « La mer, sur la côte syrienne, est un immense égout, où de tout petits bateaux passent, parfois un trois-mâts, mais le spectacle magnifique de toute une flotte naviguant sur la Manche est tout à fait inconnu ici », écrit-il avec nostalgie.

Le médecin découvre dans le monastère une petite chapelle d'où part un escalier très étroit. Intrigué, il se renseigne. On lui apprend que les marches conduisent à la tombe d'un religieux récemment défunt. Il est enterré assis sur son fauteuil. Malgré l'embaumement de son cadavre, Meryon souligne l'odeur persistante. La présence d'un tombeau à l'intérieur du couvent ne gêne pas Hester. En Orient, les esprits des morts hantent les vivants… Les fantômes sont d'ailleurs moins gênants que la pluie qui entre dans presque toutes les pièces de la bâtisse. Meryon fuit cette atmosphère lugubre et préfère s'installer dans le village tout proche d'Abra, à trois kilomètres de là.

Michael et Hester continuent d'échanger une importance correspondance, sans qu'il y ait parfois concordance entre leurs lettres car le courrier met plusieurs mois à arriver. Les missives d'Europe sont acheminées par bateau ou déposées dans les représentations consulaires, puis ce sont des messagers à cheval qui les transportent jusqu'à leur destinataire à travers d'immenses distances.

Ainsi, ce n'est qu'une fois Hester guérie que Michael apprend la gravité de sa maladie et lui propose de venir la rejoindre : « Non, ne me revenez pas, mon bien aimé. Votre gloire est mon unique objectif et vous n'avez pas de temps à perdre », lui répond-elle alors qu'il se trouve à Vienne, continuant de dépenser l'argent de son père, apparemment peu pressé de rejoindre sa famille en Écosse. Crauford Bruce s'inquiète. Il a fait beaucoup de sacrifices pour son fils qui est parti en voyage depuis maintenant six ans. Il a tout accepté, tout payé et se trouve désormais dans une situation difficile qui l'oblige à vendre une partie de ses biens. « Lorsque je vous ai envoyé parcourir le monde, c'était pour que vous puissiez entreprendre ensuite une brillante carrière. [...] Ne suis-je pas en droit d'attendre de vous un effort personnel ? » La ruine menace l'ancien banquier qui refuse d'aider financièrement Lady Stanhope comme le lui demande Michael.

Cela déclenche les foudres d'Hester qui lit les échanges entre le père et le fils. Dans un souci de confiance réciproque, ils étaient en effet convenus dès le début de leur relation qu'une copie de toutes les lettres de Crauford Bruce à son fils serait envoyée à Lady Stanhope. Elle se dit écœurée que son sacrifice ne soit pas reconnu à sa juste valeur : ne lui a-t-elle pas rendu son fils comme elle l'avait promis alors qu'elle l'aimait passionnément ?

Lors de leurs nombreux échanges en cette année 1814, Hester passe de l'expression de son affection à l'agacement. Dix fois, elle prétend que c'est la dernière lettre qu'elle écrit à son amant. « Mon très cher amour, nous ne devons plus jamais vivre ensemble. Je serai toujours votre amie car il n'est pas en mon pouvoir que vous me deveniez indifférent, mais je ne veux plus intervenir dans votre vie ni avoir rien de commun avec vous. »

Le père de Michael estime quant à lui que les espoirs qu'il plaçait en son fils ont été gâchés par les trois années passées auprès de Lady Hester. Elle laisse exploser sa colère dans une nouvelle lettre à Michael : « Je suis rendue responsable de ce que vous n'êtes pas tel que vous auriez pu être, comme si j'avais été chargée de votre éducation depuis votre enfance ! Bref j'en ai assez ! et quand quelque chose me déplaît, j'y mets fin immédiatement. Je vous aimerai toujours trop tendrement pour pouvoir vous nuire… Si la nature m'a douée d'une forte personnalité, je n'y peux rien ! Je suis vexée à mort mais ne m'écrivez pas une lettre méchante et fâchée, elle me tuerait ! […] Nous sommes libérés vous comme moi de l'abominable tourment que votre père nous a infligé pendant plusieurs années, et quant à votre avenir, je voudrais bien savoir ce qu'il aurait été. Qu'il songe à ce que vous étiez alors et à ce que vous êtes maintenant. Qu'il réalise ce que vous avez gagné aussi bien en jugement qu'en éducation… J'ai renoncé à la respectabilité. Ce que vous ferez à l'avenir ne peut ni m'honorer ni me déshonorer, mais si vous écoutez votre père, vous ferez piètre figure dans le monde. N'hésitez pas à lui répéter ce que je vous écris. Je lui en dirais dix fois plus si je le voyais… J'aurais voulu vous rendre à votre famille l'âme en paix et recevoir les remerciements qui m'étaient dus pour n'avoir pas agi de façon basse et intéressée comme l'auraient fait d'autres vieilles femmes. »

Dans la même lettre, elle lui annonce un vague projet de rejoindre son frère James en France et son intention de lui envoyer un tonneau de vin du Liban, le plus pur qui existe selon elle : « C'est pour votre usage personnel car je crains les vins frelatés que vous boirez en Angleterre. Pour l'amour de moi, prenez soin de votre santé. Dieu vous bénisse. Je prierai toujours pour votre bonheur… Quant au vieux monsieur, je ne me soucie pas le moins du monde de ce qu'il pense de moi. Il suffit à mon honneur d'avoir tenu la parole que je lui avais donnée. Et vous Michael, vous garderez mon affection si vous savez vous conduire en homme. Chacun de nous doit faire son devoir et nous verrons lequel de nous deux le fera le mieux. »

Sa rupture amoureuse l'affecte bien plus qu'elle ne l'avait imaginé. « Un coup plus fort frappé à la porte, un pas plus rapide dans la cour suffisent à provoquer chez elle la plus grande agitation. En tout étranger, elle voit un messager et chaque nouvelle déception la jette dans un abattement qui retarde sa guérison », écrit Meryon à Michael.

Elle est de plus en plus irascible. Ses nerfs sont à bout, séquelle de la maladie. Le fidèle Meryon lui sert de souffre-douleur. À Abra, il est à l'abri des colères de sa milady mais ne se résout pas à l'abandonner. Il l'excuse, lui pardonne : « Elle n'est pas responsable car les souvenirs du passé lui montent au cerveau. Aucun traitement, aussi violent soit-il envers moi, ne peut autoriser son médecin à l'abandonner », note-t-il dans son journal. Il lui conseille d'accepter l'invitation de l'émir Béchir à se rendre dans la montagne druze pour y passer l'été. Là, elle trouvera la fraîcheur et la paix.

« The nun of Lebanon »

En septembre 1814, Michael est enfin rentré dans sa famille en Écosse et son père écrit immédiatement à Lady Hester pour la remercier de lui avoir rendu un homme plein de bonté et de bienveillance. Ses craintes se sont volatilisées et il souhaite maintenant rencontrer l'éducatrice et l'inspiratrice de son fils : « Mon respect et ma vénération pour vous ne font que croître de jour en jour. Quittez ce couvent de Syrie, quittez le pays des Turcs et des Bédouins… Ne dissipez pas vos brillantes qualités dans les sables brûlants du désert. » Malgré l'admiration qu'il exprime, Crauford Bruce a réussi à persuader son fils qu'il lui suffisait de verser une pension de six cents livres sterling à son ancienne maîtresse au lieu des mille livres que Michael lui avait promises. Manifestement, la pension du gouvernement britannique est loin de suffire à couvrir les dépenses d'Hester.

Bien évidemment, la réaction d'Hester est une fin de non-recevoir : « Peut-être trouverez-vous que je manque de gratitude envers votre père mais je ne saurais mentir et je me souviens bien plus de la peine qu'il m'a causée que d'une offre qui est plutôt de celles qu'on fait à une fille de cuisine. Comme les Arabes ont pu s'en apercevoir, les louanges ne me flattent pas… Je ne tiens pas à vous voir, pas plus que votre père. Je n'irai pas en Europe. Je me trouve fort bien en Orient... Quand je serai libérée de mes affaires présentes, je ne veux plus rien recevoir de personne. Ne comprenant rien à vos plans ni à ceux de votre père, je n'ai rien à dire. Mon rôle est terminé. »

Orgueilleuse Hester. Telle une héroïne de tragédie, elle voile de fierté sa solitude, son infinie tristesse d'avoir perdu son amour, son complice d'aventures. Il est rentré dans le rang. Elle est déçue. C'est pourtant elle qui a encouragé Michael à retrouver son univers familier et à se soumettre à l'autorité paternelle. La maladie a exacerbé les nombreuses contradictions de son caractère.

Il y a pire pour Hester : Michael est allé à Paris pour célébrer la défaite des Français. L'empereur flamboyant a plié l'échine après avoir repoussé la sixième coalition contre la France – qui regroupait le Royaume-Uni, la Russie, l'Autriche, la Prusse, la Suède, au total un million de soldats. Après l'entrée des troupes russes et prussiennes dans Paris, l'empereur a abdiqué en avril 1814 et a été exilé sur l'île d'Elbe. La monarchie française est rétablie avec le retour de Louis XVIII. Les vainqueurs affluent à Paris. La famille Bruce au complet s'y retrouve et Hester, du fond de son lointain exil, pleure la défaite de la France : « Je suis inquiète pour la France, écrit-elle à son ami Barker, le consul d'Angleterre en Syrie. La

France est source de l'élégance de l'esprit, de tout ce qui est charmant. Si la France n'existait plus, le monde deviendrait si ordinaire qu'il ne vaudrait plus la peine d'y vivre. La preuve : les jeunes Anglais qui n'ont jamais connu la France sont des êtres ignorants, vulgaires et désagréables. [...] Je suis plus affligée qu'un Français de voir toutes ces choses anglaises qui sont désormais adoptées en France. »

Une fois encore, elle écrit à Michael. Malgré les mots d'adieu définitif qui concluent chacune de ses lettres, elle n'arrive pas à rompre toute relation avec lui : « Je pense tant à vous, à votre santé, à votre bonheur. » Une seule chose est sûre dans la confusion de son esprit : le choix de rester en Orient : « Je ne bougerai pas de Syrie. Je hais la politique et, en fait, c'est le gouvernement le plus despotique du monde qui me plaît le mieux, car si l'on s'abstient de mener des intrigues, personne ne se mêle de vos affaires. Les Turcs me conviennent et je leur conviens. » Elle signe sa lettre du 25 juin 1814 « *The nun of Lebanon* », « la nonne du Liban ».

CHAPITRE IV

Le choix de la solitude

Chercheuse de trésor

Quoi de plus efficace pour oublier son chagrin que de se lancer dans une nouvelle aventure ? Hester est obsédée par le trésor d'Ascalon. Des millions de pièces d'or seraient cachées dans les ruines du village abandonné. Elle a trouvé dans un vieux parchemin les indications sur le lieu à fouiller : un ancien temple juif, transformé en église puis en mosquée. Elle a informé le sultan que si elle trouvait le trésor, il en serait le bénéficiaire. Lady Stanhope se contenterait de la gloire procurée par sa découverte. Le sultan prend ces informations au sérieux et lui envoie un représentant, un *zaym*, pour l'accompagner… ou la surveiller. Les *zayms* étaient chargés par le gouvernement de la Porte d'exercer la police et la justice – expéditive – dans les provinces éloignées de l'empire. Ils avaient droit de vie et de mort sur tous les sujets du sultan. À leur arrivée, les villageois se terraient dans leurs maisons. Quand un *zaym* est annoncé à Mar Elias, Hester l'invite aussitôt à résider chez elle. Le dignitaire accepte, à la surprise générale, car traditionnellement un musulman ne dort pas sous le même toit qu'une chrétienne : « Il dit que je parle et agis comme si j'avais grandi au sein du gouvernement ottoman. Il n'aurait jamais cru qu'une femme fût capable de se transformer en Turc aussi parfaitement que je sais le faire quand j'en ai envie et que je porte des vêtements appropriés », écrit-elle au consul Barker qui ne lui refuse rien et à qui elle emprunte une forte somme sans lui dire l'objet de son expédition. Hester Stanhope a une telle force de conviction que personne ne semble lui résister. Elle ose même demander l'assistance d'un bateau de guerre anglais – et elle l'obtient !

Le pacha de Saint-Jean-d'Acre admire la femme qui a osé converser avec un *zaym* et lui donne sans hésiter une escorte de cent hommes et trente-six chameaux. Il la considère comme une *emiry*, un émir au féminin.

Le départ est fixé au 30 mars 1815. « Nous avons quitté Acre escortés d'une troupe de cavaliers et dans un grand équipage digne d'un pacha, raconte Charles Meryon. Lady Hester est installée dans un palanquin tiré par des mules, un "tartaravan". Sa tente est immense et très confortable. » Là encore, Hester se pavane devant la foule qui se presse, ébahie devant un tel cortège. Ils arrivent à Ascalon où le gouverneur de la ville toute proche de Jaffa les rejoint.

Ascalon est l'ancienne capitale des Philistins, à soixante-dix kilomètres au sud de Jérusalem, au nord de Gaza. Ce fut une ville importante, agrandie et embellie par Hérode, roi de Judée, puis colonisée par les Arabes au VIIe siècle, assiégée par les Croisés sous le commandement de Godefroy de Bouillon au XIe siècle, reprise par Saladin au XIIe siècle. Il rase la forteresse pour ne pas la laisser entre les mains de Richard Cœur de Lion, roi d'Angleterre qui, après avoir négocié avec Saladin le libre accès des pèlerins à Jérusalem, quitte l'Orient et retourne dans son pays.

Théâtre de tant de combats, la cité est en ruines quand Hester y arrive. Une vraie désolation. Une partie des remparts baignent dans la mer. Le sol est jonché de colonnes brisées, de blocs de marbre et de granit. La ville a été pillée par les Arabes puis par les Turcs. Le site abandonné est rendu à la nature. Des orchidées sauvages poussent au milieu des pierres.

Hester consulte son plan. Il faut chercher une ancienne mosquée ! On la trouve. Il faudrait creuser ici, il faudrait creuser là… Elle dirige les travaux. Les hommes travaillent pendant plusieurs jours, fébriles, ils fouillent vers l'est, ils fouillent vers l'ouest, exhument quelques ossements humains, déplacent de lourds blocs de pierres. Enfin, on trouve l'entrée d'un souterrain !

Hester entre la première. Au fond, il y a bien une petite salle, une sorte de cachette. Mais elle est vide ! Pas de trace de trésor ! Pillé lui aussi il y a bien longtemps ! Ne reste dans l'excavation qu'une statue sans tête et sans bras de deux mètres de haut. Hester demande qu'on la brise. « Je ne veux pas qu'on m'accuse d'être une voleuse. Des gens mal intentionnés pourraient dire que je cherche des antiquités pour mon pays, et non pour offrir ces trésors à la Porte », se justifie-t-elle. Ou bien a-t-elle besoin de défouler sa rage sur ce guerrier sans tête qui nargue sa désillusion ? Elle était à ce point convaincue de trouver de l'or qu'elle a emprunté des sommes considérables qu'elle pensait rembourser au centuple. Elle est mortifiée, humiliée et ruinée car elle devra supporter les frais de l'expédition. Le sultan, pour qui elle dit avoir cherché le trésor, ne veut pas la dédommager.

« Mes souffrances me laissent à présent sans répit, écrit-elle à son ami le général Oakes, gouverneur de Malte. Puissé-je me résigner comme font les Turcs, qui me prouvent chaque jour leur supériorité sur les chrétiens par leur soumission à la volonté de la Providence. »

La France, ce pays tant aimé

Femme de défis, Lady Hester aime les hommes audacieux et nourrit depuis longtemps une admiration pour Napoléon. En juin 1815, John Barker annonce l'échec de l'empereur à Waterloo, devant les troupes de la Grande-Bretagne, de la Prusse et de la Hollande réunies. Napoléon abdiquera le 22 juin. Comme l'année précédente qui a vu la défaite des Français, Hester déplore que ses compatriotes soient la cause de la ruine de la France.

Si elle avait un temps envisagé un retour en Europe, c'était en France. Mais « la France me plairait à condition qu'on en chasse tous les Anglais qui s'entendent à tout gâcher partout où ils sont ». Elle écrit à son cousin Lord Buckingham sa honte de l'Angleterre « qui a rendu esclave un peuple libre, et humilié un monarque qui aurait gagné l'estime de son peuple si ces intrigants anglais l'avaient laissé s'élever ou déchoir selon ses propres mérites. Vous me direz que l'armée française – les soldats les plus courageux du monde qui ont la notion de l'honneur de leur patrie plus que tout autres au monde – n'écouterait pas la voix de la raison, et vous pensez que je vous croirais ? Jamais[1] ! »

1. Hester Stanhope à Lord Buckingham, 22 avril 1816.

« Comment pouvez-vous me souhaiter en France, écrit-elle aussi à son frère James. Ne suis-je pas mieux ici ? J'ai pitié des peuples infortunés et je souffrirais trop des malheurs des Français. Les veuves et les orphelins quelle que soit leur patrie me sont trop chers pour que je sois insensible à leur désespoir. »

Toutes les nouvelles de France sont mauvaises. Le maréchal Ney est fusillé. Michael, qui est toujours à Paris, est mêlé à l'affaire de l'évasion de La Valette, un ministre de Napoléon, arrêté et condamné à mort après l'exil de l'empereur. Il réussit à faire passer le prisonnier évadé en Belgique mais, à son retour en France, il est arrêté et comparaît devant la cour d'assises, accusé de haute trahison. Il risque une condamnation sévère, la prison ou même la mort. Lorsque le consul Barker lui apprend les aventures de Michael, Hester rédige aussitôt, en français, une lettre au roi de France, Louis XVIII, revenu sur son trône. Elle implore sa clémence pour « cet étourdi de M. Bruce, ce jeune homme égaré par la sensibilité de son caractère et entraîné dans une affaire aussi sérieuse que délicate ». L'intervention de Lady Hester eut-elle un effet, associée aux relations de Crauford Bruce ? Michael Bruce fut gracié.

Au monastère de Mar Elias, Hester passe de longues heures à écrire. À son frère James, à ses cousins, à son ami le général Oakes, à Michael. Quand elle est fatiguée, Charles Meryon écrit sous sa dictée. Sa volumineuse correspondance a pu être conservée, les lettres qu'elle a reçues comme celles qu'elle a écrites grâce aux copies qu'elle faisait faire par les différents secrétaires qui se succédaient auprès d'elle. Elle n'écrivait pas de journal comme son docteur, mais elle désirait laisser une trace : ses lettres constituaient ses mémoires. Par elles, Hester expliquait et justifiait longuement ses actes. Du fond de son exil oriental, elle était incapable de couper les liens avec ses amis et relations en Angleterre, à qui elle racontait ses aventures. Il lui fallait construire, par l'écriture épistolaire, sa légende.

Le courrier arrive d'Europe par bateau et met des semaines voire des mois à parvenir à Mar Elias. Depuis que Michael est parti deux ans auparavant, elle n'a reçu que deux lettres de lui. « Ne croyez pas que je sois fâchée mais une seule lettre en un an est une correspondance dont il vaut mieux se passer. Elle ne fait qu'entretenir une sorte d'anxiété qu'un silence total pourrait apaiser… Où sont ces lettres qui devaient distraire mes heures solitaires ?… Faites-moi un seul reproche si vous l'osez ! C'est celui de vous avoir trop aimé. »

Enfin, elle reçoit des nouvelles de Michael : « Après ce silence, cet affreux silence, tous les malentendus sont effacés. Peu m'importe désormais ce que sera mon destin. Si je peux vous croire honnête, estimable et sensible, je ne serai jamais vraiment malheureuse, quoi qu'il arrive. »

L'espion français

Décembre 1815. Hester est meurtrie par l'échec de son expédition à Ascalon, elle n'est pas guérie de sa passion pour Michael. Elle s'enferme entre les murs froids de son monastère. Chaque soir, le fidèle Meryon vient lui faire la lecture. Un jour, il choisit une nouvelle de Maria Edgeworth, *L'Absent*, qui a pour décor l'Angleterre, une maison familiale chaleureuse, une famille unie… Tout à coup, Hester fond en larmes. « Quel triste spectacle, raconte Meryon, que la petite-fille de William Pitt, prostrée et sanglotant sur un misérable lit de planches, sans famille auprès d'elle, sans ami pour la consoler. Personne, hors sa femme de chambre anglaise et moi-même. Quelle tristesse de voir réduite à pareil état la grande dame qui, pour échapper aux avanies de ceux qu'elle avait longtemps traités de haut, avait fui à l'étranger. La voyant ainsi déchue et pensant à ce qu'elle avait été, j'éprouvais une amertume intense et jamais je n'oublierai cette scène. »

Hester se sent très seule. Elle espère le retour de Vincent Boutin qu'elle avait rencontré en Égypte chez le consul de France Drovetti trois ans auparavant. Il est passé à Mar Elias en 1814, avant l'aventure d'Ascalon. Hester lui avait proposé l'hospitalité dans le village voisin d'Abra, à deux kilomètres de son monastère. « Je vous offre une chambre propre, assez jolie dans le village, avec un endroit pour votre âne. Je ne vous mangerai pas : je ne vais jamais de ce côté. Mais je me fâcherais si vous ne me permettez pas de vous envoyer du couvent ce dont vous auriez besoin », lui écrivait-elle dans un message rédigé en français.

Aventurier, espion, colonel de la Grande Armée napoléonienne, Vincent Boutin avait fait forte impression sur Hester lors de leur première rencontre. Au service de Napoléon Bonaparte depuis 1800, il avait raconté à Lady Stanhope ses exploits à Constantinople. En 1807, il avait réussi à empêcher la flotte anglaise de débarquer devant le palais de Topkapi, résidence du sultan Selim III qui, pour le remercier, l'avait décoré de l'ordre du Croissant. « Les Anglais avaient fait une sommation pleine d'arrogance, dans laquelle ils demandaient au sultan qu'il souscrivît un traité d'alliance avec eux et avec les Russes, puis qu'il renvoyât l'ambassadeur français et qu'il permît [aux Anglais] de mettre une garnison à Alexandrie, dans les châteaux des Dardanelles et du canal de la mer noire[2]. »

Vincent Boutin avait aussi raconté à une Hester médusée sa mission en Algérie en 1808. Là encore son bateau avait été attaqué par les Anglais lors de la traversée de la Méditerranée, mais sans succès. Sa mission secrète devait renseigner Napoléon sur la

2. Vincent Boutin à son frère, mars 1807.

possibilité de débarquer en Algérie et de faire de la Méditerranée « un lac français ». Au retour, la flotte britannique avait encore attaqué son bateau. Boutin avait été fait prisonnier à Malte après avoir eu la présence d'esprit de jeter à l'eau son rapport sur l'Algérie. Il réussit à s'évader et à rentrer à Paris, où il s'attela à rédiger de mémoire ses conclusions qui ne retinrent pas l'attention de Napoléon, occupé sur d'autres fronts. Ces précieux documents, enfouis durant plus de vingt ans dans les cartons du ministère de la Guerre, furent exhumés en 1830. Ils permettront le débarquement des Français en Algérie, et la prise d'Alger en 1830, mettant fin à trois siècles d'occupation ottomane. Dans son rapport, Boutin insistait sur l'importance d'avoir une attitude convenable envers la population algérienne : respecter les personnes et les biens.

Lady Hester et Vincent Boutin passaient de longues soirées à évoquer leur vie parmi les Bédouins. Ils avaient tous les deux vécu parmi les tribus du désert, ils parlaient tous les deux arabe et partageaient la même attirance pour une vie non conventionnelle. Hester avait trouvé un compagnon de conversation de sa trempe. Boutin n'oubliait pas cependant sa mission d'agent de renseignement et après quelques jours passés à Mar Elias, il était reparti.

Hester attend. L'inquiétude chasse la mélancolie. Elle n'a plus de nouvelles depuis sa dernière lettre, datée d'octobre 1814, dans laquelle il lui écrivait qu'il se trouvait à Damas. « Il faut absolument que vous veniez au Liban, avait-elle répondu. Il n'y a rien de beau à voir à Damas, excepté les Turcs et leur harem. » Il avait promis de revenir à Mar Elias.

Il n'y a pas de trace d'une relation amoureuse entre eux, mais un désir refoulé de part et d'autre, sans doute. Boutin lui a confié qu'il était marié et que sa femme l'attendait à Paris. Il ne cédera pas aux sentiments retenus qu'il a deviné chez la Lady qui, avec un peu de dépit, lui écrit : « Si tous les hommes savaient mettre le même prix que vous à la constance, il n'y aurait pas de femmes malheureuses et peu de légères. » Il a quarante-trois ans, Hester trente-neuf. Ils échangent vingt-sept lettres pendant les quelques mois de leur amitié, toujours écrites en français. Ils partagent une passion pour l'aventure, la liberté, l'audace. Une fascination pour ces peuples arabes et turcs, ces paysages flamboyants et sensuels.

Où est-il à présent, se demande Hester en relisant son dernier message : « Apparemment, Madame, les circonstances m'appellent du côté de la Perse. De vous savoir entourée de vos alliés, que j'espère plus fidèles que les nôtres, sera toujours pour moi une idée agréable. » « C'est pourquoi, petit méchant, je ne puis attendre que de vous revoir », répond Hester sans chercher à dissimuler sa tendresse. Les semaines passent. Puis les mois. Il ne revient pas. « Si je ne reçois pas bientôt de vos nouvelles, je vous ferai couper la tête pour ne plus me donner encore d'inquiétude », s'amuse-t-elle à lui écrire pour masquer son angoisse.

Il ne viendra pas au Liban. Il ne reviendra pas à Mar Elias. Plus personne n'a de nouvelles, ni Hester, ni le consul de France en Syrie, encore moins l'ambassadeur français à Constantinople. Vincent Boutin a disparu !

Venger l'ami perdu

Hester qui a des émissaires partout apprend que la montre du colonel est en vente dans les souks de Damas. Elle envoie quatre de ses employés mener l'enquête sur place. À Tripoli, on leur dit que Boutin est parti vers les montagnes des Ansarieh[3], qui s'étendent au nord de Tripoli jusqu'à Antioche. Leurs habitants sont réputés féroces et réfractaires à toute allégeance aussi bien aux Turcs qu'aux chrétiens. Pendant les croisades, les Ansarieh fournissaient les « kamikazes » qui sacrifiaient leur vie pour défendre leur foi, dissidente de l'islam. Des vallées étroites, des chemins escarpés, une végétation dense facilitent les embuscades. N'écoutant pas les différentes mises en garde, le colonel Boutin s'est engagé dans ces régions périlleuses, accompagné d'un seul serviteur.

3. Appelées aussi montagnes des Alaouites.

Les émissaires d'Hester rapportent de terribles nouvelles : Boutin et son accompagnateur ont été assassinés et dépouillés de leurs biens. Leurs cadavres mutilés, la tête coupée, gisent encore, abandonnés près des villages de Nar et Kell. « Les abominations qui m'ont été rapportées étaient de nature à m'enlever toute ma force d'âme si je n'avais su qu'en moi seule résidait le pouvoir de le venger. Si je n'usais pas en cette circonstance de l'influence que j'avais acquise, aucun Européen ne serait plus jamais en sûreté dans ce pays. »

Lady Hester écrit immédiatement au consul français de Syrie pour qu'il intervienne auprès du gouvernement turc et punisse les assassins de son compatriote. En vain. Alors elle s'adresse aux ambassadeurs auprès de la Porte à Constantinople. Pas de réponse non plus. « Un chien aurait été massacré que les consuls européens n'auraient pas fait preuve de plus d'indifférence » dit-elle, indignée.

Elle réglera donc l'affaire elle-même ! Elle s'adresse aux pachas d'Alep, de Damas, de Tripoli, de Saint-Jean-d'Acre pour leur demander de mettre des hommes à sa disposition. Il s'agit d'aller dans les montagnes des Ansarieh pour chercher les restes du colonel, de récupérer les biens qui ont été volés et de punir les meurtriers.

Le pacha de Saint-Jean-d'Acre tardant à se manifester, elle se rend là-bas en personne, avec tout le luxe qui lui reste, sa tenue turque d'apparat, amazone flamboyante entourée de cavaliers montés sur des chevaux richement harnachés.

C'est Lady Hester Stanhope, la petite-fille du grand William Pitt, avec tout son panache, qui se déplace, arrive devant le palais du pacha, se fait ouvrir les portes, bouscule les gardes et entre en trombe dans l'appartement du prince qui tenait conseil avec ses officiers. Ses bottes martèlent le sol, son *aba* vole sous ses pas nerveux et pressés. Elle fait une entrée fracassante au milieu de l'assemblée des notables turcs, interloqués par tant d'audace. Impérieuse, elle réclame le silence et présente la raison de sa venue. Le pacha l'écoute sans un mot. Pensant calmer son ardeur, il finit par lui proposer des cadeaux qu'elle refuse avec vigueur. Lady Hester le menace de la colère du sultan qu'elle ira avertir en personne à Constantinople et se retire, laissant stupéfaits les témoins de la scène.

Les menaces d'Hester vont se révéler efficaces. En mars 1816, le pacha d'Acre et celui de Tripoli se décident à agir. L'ordre est donné au gouverneur de Tripoli, Mustafa Berber, d'organiser l'expédition punitive pour venger Vincent Boutin. Mustafa Berber a aussi une raison personnelle de satisfaire la demande d'Hester : il hait les Ansarieh et leur religion.

Le gouverneur de Tripoli, outrepassant la demande de vengeance de la « *sitt inglese*[4] », fit mettre le feu

4. Princesse anglaise.

à plus de cinquante villages ansariehs. Trois cents personnes payèrent de leur vie la mort du Français. L'affaire fit grand bruit dans toute la Syrie et arriva en France. Le journal *Le Courrier français* lui consacra un article : « Le colonel Boutin fut admirablement reçu par la nièce de Pitt, Lady Hester Stanhope. [...] La France sait comment le meurtre de cet illustre voyageur fut vengé par Sa Seigneurie qui, par sa seule influence et ses efforts personnels, demanda et obtint la tête des assassins et la restitution des bagages du malheureux officier. » La Chambre des députés envoya également à Hester un message de remerciements.

« Je tenais cet homme pour l'un des plus intelligents que je n'aie jamais rencontré, écrit Hester en français au frère de Vincent Boutin. Il avait toutes les vertus et la fermeté d'un ancien Romain, les talents et l'honneur d'un Français [...]. Rendez justice à notre excellent pacha qui a fait davantage que jamais un Turc n'a encore fait pour un Européen, parce que ce n'est pas très facile, comme vous pouvez bien le croire, d'intéresser des musulmans dans la cause de Francs... On a raisonné beaucoup avec moi sur le risque que je courais en me mettant dans le cas de mériter la vengeance d'un peuple si barbare ; mais j'ai la même confiance au destin que les Turcs. Ainsi cela ne m'a fait d'autre effet que de me mettre en colère avec les lâches qui m'ont parlé ainsi. »

En septembre 1816, alors qu'elle se trouve à Antioche, elle demandera à rencontrer des Ansarieh, elle résidera pendant deux mois dans leur région, sans protection particulière, et leur expliquera qu'elle a « vengé la mort d'un Français parce qu'elle sait que les justes abhorrent les actes commis contre des hommes sans défense, qui plus est, de nuit. Actes qui doivent être désavoués par les courageux partout dans le monde ». On ne connaît pas la réaction des Ansarieh mais il est certain qu'Hester n'a pas été inquiétée au cours de son séjour sur leurs terres.

Cette audace a fait de Lady Hester Stanhope une héroïne, de Constantinople à Damas, de Tripoli au Caire. Lors de ses déplacements, les villageois sortaient de leur maison pour acclamer celle qui avait mis en branle tout un pays pour venger l'assassinat d'un Français ! Le souvenir de Vincent Boutin hantera longtemps l'esprit d'Hester. Dans sa lettre au frère du défunt, elle évoque la possibilité de faire sa connaissance pour continuer de vive voix l'éloge de celui pour qui elle éprouvait sans doute plus que de l'amitié. Sa dernière phrase exprime cet attachement : « Lorsque vous m'écrirez, faites-moi un peu le portrait de votre famille et dites-moi si vous avez un enfant qui ressemble à son oncle. »

Satisfaite d'avoir vengé son ami, elle raconte l'affaire à Michael, car c'est avec l'argent de son ancien amant, et surtout du père de celui-ci, qu'elle a participé aux dépenses de l'expédition punitive. Elle reçoit en effet toujours six cents livres par an de la famille Bruce. « Tels sont les objectifs que votre argent m'a permis d'atteindre. Si vous y réfléchissez, vous penserez, j'espère, que c'était en faire un meilleur usage que de le dépenser en frivolités à Paris. » Puis, elle se laisse aller une fois encore à la mélancolie : « Puissiez-vous être heureux, vous qui me fûtes si cher. Je considérerai alors comme un bienfait que cette part de bonheur dont le sort a décidé de me priver soit tombée sur vous, la nature m'ayant douée d'un esprit indomptable avec la résignation d'un musulman. Adieu mon bien-aimé. Je ne vous appellerai plus jamais ainsi. »

La paix intérieure

Elizabeth Williams est revenue de Malte pour vivre aux côtés d'Hester, ce qui montre l'attachement des personnes qui l'accompagnent et qui lui seront fidèles pratiquement jusqu'à sa mort. Ann Fry, Elizabeth Williams et Charles Meryon vivent près d'elle à Mar Elias où la journée est parfaitement organisée : lever à huit heures, promenade dans le jardin ou lecture jusqu'à dix heures. Ensuite, Hester prend un petit déjeuner dans la pure tradition anglaise : thé ou café, fromage, plateau de fruits. Plusieurs heures sont consacrées à sa correspondance.

L'après-midi, elle chevauche dans la montagne. Ses chevaux – plusieurs magnifiques pur-sang arabes – sont la passion de ces années de solitude à Mar Elias et plus tard à Joun. Le dîner est servi après le coucher du soleil. La soirée est consacrée à la conversation avec ses nombreux hôtes. Les discussions se poursuivent jusqu'à minuit.

L'un de ses visiteurs, le journaliste Silk Buckingham, tombe sous son charme. Il racontera sa rencontre avec Lady Hester dans son *Voyage en Palestine*, publié en 1821 : « Elle est plus grande que la plupart des hommes qui l'entourent. Ses traits réguliers, son teint pâle et ses yeux gris-bleu lui donnent une expression pensive, tranquille, que rien ne semble ébranler, sauf si quelqu'un lui raconte des faits de cruauté ou d'oppression. Lady Hester Stanhope est l'une des personnes les plus heureuses qui soit car elle est vénérée par tous ceux qui vivent auprès d'elle. Je n'ai jamais vu cela au cours de mes voyages à travers le monde. Elle respecte toutes les personnes, quelle que soit leur origine sociale. Elle aide beaucoup de gens. Aucune main n'est tendue vers elle en vain. » En effet, Hester écrit à Michael qu'elle a décidé de « faire le bien autour d'elle et le moins possible de mal ». Buckingham loue aussi la conversation brillante de son hôtesse « empreinte d'un charme infini ».

À quarante ans, Hester semble avoir trouvé la paix et cherche à cette époque à la faire rayonner autour d'elle. Lors d'un différend entre celui qui a facilité son voyage à Palmyre, Mohanna el-Fadel, et le pacha de

Damas, elle montre ses talents de diplomate pour rétablir le dialogue entre eux, ce qui provoque l'admiration de Charles Meryon : « C'est une chose incroyable que des Bédouins viennent réclamer la protection d'une femme, et qui plus est, d'une étrangère. »

Pour faciliter ses relations, Hester continue de distribuer des cadeaux, sans se soucier d'alourdir ses dettes : aux pachas, aux gouverneurs, conformément à la tradition arabe. Elle en reçoit aussi de leur part. Aux ouvriers qui ont fait les travaux de réhabilitation de l'ancien monastère de Mar Elias, elle offre des tonneaux de vin.

La lady anglaise jouit d'une renommée extraordinaire dans tout le Moyen-Orient, de Constantinople à Alexandrie. Pachas, émirs, beys, jeunes ou âgés, pacifiques ou sanguinaires, parlent d'elle avec le plus grand respect. Elle les fascine par sa prestance, son audace, et surtout par son absence totale de peur. Cela lui donne une force d'âme que tous envient.

Le répit sera de courte durée car la peste est arrivée maintenant à Saïda. Dix personnes meurent chaque jour dans ce qui n'est en 1816 qu'une grosse bourgade. L'épidémie touche les enfants comme les adultes. Le plus dur, écrit Meryon, c'est de trouver des personnes qui acceptent d'enterrer les morts au péril de leur vie. L'angoisse revient dans l'esprit d'Hester. Elle a prouvé à plusieurs reprises qu'elle n'avait pas peur de la mort. Mais elle ne se voit pas mourir de cette manière, pas avec cette monstrueuse maladie. Pourtant, elle refuse absolument tout ce que lui propose Meryon. Elle ne veut pas entendre parler de médecine occidentale. Dans ce domaine aussi, elle adopte les coutumes orientales : les soins par les plantes, les massages. Elle fait confiance à l'énergie propre de son corps, convaincue comme le lui a enseigné un cheikh druze que « le corps est à l'esprit ce que le mot est au sens ».

En quête d'une nouvelle demeure

La chaleur est torride à Mar Elias. Hester demande à l'émir des druzes de l'accueillir pour passer l'été. Comme il tergiverse, elle lui fait savoir par messager que peu importe sa réponse, elle viendra planter sa tente sur ses terres, à défaut de mieux. Quatre jours plus tard, elle arrive avec sa suite à Beiteddine, le palais de l'émir Béchir, au cœur de la montagne druze du Liban. L'émir est absent mais il a donné des consignes pour qu'on offre une chambre à Hester.

L'émir Béchir a commencé la construction de ce palais plus de vingt ans auparavant[5]. Un patio bordé d'arcades ombragées entoure un bassin et une fontaine comme dans toutes les maisons arabes. Boiseries sculptées, céramiques bleues, murs blancs. Extérieurement, le palais ressemble à un monastère à la décoration épu-

5. Aujourd'hui, le palais de Beiteddine est un hôtel de luxe.

rée. À l'intérieur, des sofas rouges, des coussins de soie. Le bruit rafraîchissant des fontaines et la lumière douce diffusée à travers les moucharabiehs. Hester aime particulièrement le raffinement de l'architecture arabe. Elle s'en inspirera pour sa future demeure.

Son caractère s'aigrit au cours de l'automne et de l'hiver 1816. La peste l'effraie car elle en a gardé des séquelles nerveuses. Et puis, elle ne supporte plus Charles Meryon, qui lui est pourtant entièrement dévoué. Mais Hester méprise les obséquieux et les soumis. Elle préfère qu'on lui résiste, comme Vincent Boutin. Elle demande à Meryon de rentrer en Angleterre, ce qu'il fait le 21 janvier 1817, après avoir maintes fois reporté son voyage. Ann Fry, qui suit sa milady et la sert depuis sept ans, rentre aussi à Londres. Seule reste auprès d'elle Elizabeth Williams, avec qui elle peut évoquer le souvenir de William Pitt.

Elle apprend que son père, le fantasque Charles Stanhope, est mort le 15 décembre 1816. Pour elle, cela signifie surtout la fin de ses soucis financiers, grâce à son héritage. Elle écrit à Michael Bruce son intention de le rembourser et de « se libérer d'un poids qui l'accable ». Dans cette lettre, elle s'adresse non plus à son « bien-aimé » mais à « monsieur Bruce » : « Je croyais, cher Bruce, vous avoir écrit pour la dernière fois, mais un événement récent m'oblige à m'adresser de nouveau à vous. La mort de mon pauvre père me mettra en possession d'une certaine somme d'argent liquide. J'ai donné ordre à la banque Coutts, quand j'aurai reçu cet héritage, de remettre à votre père le montant intégral de ce que lui ou vous-même m'avez versé depuis que vous m'avez quittée. Ma décision étant irrévocable, ne vous donnez pas la peine de la combattre. »

Mais Hester a coupé les ponts avec sa famille depuis près de sept ans. Elle n'a jamais écrit à son père depuis son départ. Sa jeune sœur Lucy est morte deux ans auparavant, en 1814, à l'âge de trente-quatre ans et Hester n'a pas conservé de relations avec sa sœur Griselda pour une raison inconnue. Seul son frère James a reçu des nouvelles régulières. Son nom n'est pas mentionné dans le testament de son père. Elle n'aura pas un penny. Hester Lucy Stanhope est totalement déshéritée.

Il n'y a plus de secours possible auprès de la famille Bruce, car le banquier Crauford Bruce a fait faillite. Quant à Michael, il est fiancé à une jeune veuve, Lady Parker. Il l'épousera deux ans plus tard, en 1818. Les revenus de Lady Stanhope se limitent désormais à la pension de mille livres sterling par an qu'avait votée le Parlement britannique après la mort de William Pitt.

C'est alors que Hester relève la tête vers les montagnes du Liban. Elle va partir, elle aussi. Quitter Mar Elias, trop près de la mer. Trop près des humains. S'enfoncer plus avant dans le Mont-Liban. Elle veut la solitude absolue. La montagne, les hauteurs inaccessibles. Pour regarder le monde du haut de son nid d'aigle. Elle n'en redescendra jamais.

CHAPITRE V

La Lady du Mont-Liban

Son idéal, elle va le trouver à Joun. Dominant le village, un pic rocheux est entouré à son sommet d'une couronne de murailles en ruines. C'est un ancien monastère perché au-dessus du vide, comme on en voit souvent au Liban. On y accède par un sentier étroit et abrupt. Un lieu parfait pour Hester qui aime la montagne, sa fraîcheur et son air pur, loin des effluves empoisonnés de la côte. La ruine appartient à un Turc de Damas qui accepte de lui louer ce tas de cailloux. Peu importe le délabrement de la maison, ce qui compte pour Hester, c'est le site. La nature sauvage, les arbres. En effet, l'endroit est grandiose, austère et isolé. Exactement ce qu'elle cherche !

Plus loin, plus haut : la cité-jardin de Joun

Malgré ses difficultés financières, elle n'hésite pas à entreprendre d'importants travaux de restauration. Une fois le toit et le mur d'enceinte réparés, elle fait construire au milieu de la propriété plusieurs petits bâtiments indépendants entourés de jardins reliés entre eux par des chemins. Elle imagine une cité-jardin : des vergers, des plantations de rosiers en terrasses bordées de murets de pierre, de nombreuses fontaines alimentées par un réseau complexe de canalisations. L'ensemble est entouré d'un mur qui lui donne l'apparence d'une forteresse avec une entrée monumentale.

Les appartements de Lady Hester sont situés côté sud-ouest, en bordure d'un précipice, mais c'est la meilleure vue : de là, on peut distinguer la Méditerranée qui se trouve à plus de quinze kilomètres ! Hester a à sa disposition un jardin privé qu'elle aménage à la façon des jardins de harems qu'elle a souvent visités : clos, luxuriant, regorgeant de fruits et de fleurs – des bougainvillées, des jasmins et surtout des buissons de roses, sa passion. Le chant clair des fontaines de marbre apporte la fraîcheur. Une maison à moitié orientale. Mais aussi une maison refuge. Pour les sans-abri, les vagabonds, les proscrits. Un asile inviolable où elle accueillera quelques années plus tard des centaines de réfugiés. Elle en est convaincue, ici, dans la maison de ses rêves, elle guérira son corps et son âme. Elle connaîtra la paix.

Pendant des années, elle refuse de recevoir des Anglais car les manières, la langue, la culture britanniques lui sont de plus en plus étrangères. L'un d'eux a pourtant la chance de braver sa répugnance pour ses compatriotes : le capitaine Yorke, qui lui propose d'acheminer son courrier à travers la Méditerranée jusqu'en Angleterre. Il ne cache pas sa surprise : « Je fus mis en présence d'un chef bédouin arabe, et je m'aperçus bientôt qu'il s'agissait de Lady Hester. Elle m'accueillit avec une grande joie car elle connaissait bien ma famille. Elle me reçut comme une vraie lady anglaise. J'étais fasciné par son savoir et j'avoue par sa beauté, l'une des plus belles femmes que j'aie jamais vues. Elle avait beaucoup d'esprit. Ses vêtements, très riches, convenaient parfaitement à sa gigantesque personne. Dans la soirée, elle fumait la *chibouque*[1], son esprit devenait désordonné et c'était très affligeant. »

Son sujet favori ? La divination. Hester se plaît en effet à raconter qu'un mage dénommé Brothers avait prédit, il y a des années à Londres, que la venue d'Hester à Jérusalem entraînerait de grands changements. Elle passerait sept ans dans le désert, elle

1. Pipe turque à long tuyau de bois de plus d'un mètre, une extrémité posée sur le sol et terminée par un embout d'ambre.

conduirait le peuple élu : « Une femme européenne viendra et vivra sur le Mont-Liban. Elle y construira une maison et aura plus de pouvoir que le sultan. Un garçon sans père la rejoindra. »

La magicienne

Fait très rare, il existe un personnage qui a beaucoup d'influence sur Lady Hester : le Français Pierre Loustaunau, qu'elle a rencontré à Jaffa. Il se présente comme un prophète, toujours une bible à la main. Né dans la vallée d'Aspe, dans les Pyrénées, il a d'abord été berger. Puis il s'engage dans l'armée napoléonienne. Il deviendra général, se retrouve aux Indes, y fait fortune, revient dans les Pyrénées, a la nostalgie de l'aventure, repart pour la Syrie. Lady Hester le recueille à Joun. Ensemble, ils parlent d'astrologie, de prophéties. Charles Meryon le retrouvera lors de son retour en Syrie en 1830. Il le décrit dans son journal comme un personnage inoffensif mais s'inquiète de la relation qu'il entretient avec Hester : « Il vivait grâce aux bontés de milady. Il prédisait toujours que des événements prodigieux arriveraient à Lady Hester. Il en parlait toujours comme d'une personne destinée à jouer un grand rôle dans le monde. Sur tous les sujets, il faisait preuve d'un bon sens remarquable, excepté pour la Bible qu'il interprétait à sa manière, tout à fait originale, pour accommoder les textes aux événements présents passés ou futurs de milady. » Dans sa solitude, elle a besoin de le croire.

À Londres, alors en pleine révolution industrielle, l'époque n'est pas au mysticisme. Les divagations d'une femme qui ne s'est jamais totalement remise de la peste, et qui est fréquemment sous l'emprise de quelque tabac fumé à la *chibouque*, la feront passer pour folle ou pour une sorcière.

C'est surtout une femme aux abois, qui ne cherche plus à cacher ses difficultés financières. Elle a dépensé de fortes sommes en ouvrant sa porte à tous ceux qui lui demandent du secours. En effet, en 1819-1820, une terrible famine frappe toute la Syrie. Hester organise les ravitaillements, accueille et nourrit de nombreux malheureux, fidèle à son serment de ne « faire que le bien ».

Le capitaine Yorke la décrit « très désespérée ». Il faut qu'elle le soit pour lui demander d'intervenir auprès de Lord Chattam pour lui venir en aide. En effet, à Joun, elle est locataire et son bailleur lui réclame la somme de cinq cents livres sterling, qu'elle n'a pas. Elle espère un secours de son frère bien-aimé James, mais vu la lenteur du courrier, elle ignore encore que son frère protecteur est mort. Elle apprendra bien des mois plus tard que James est entré dans une profonde dépression après le décès en couches de sa femme, laquelle a mis au monde un fils qui a survécu. Deux ans après le drame, James s'est pendu. Il avait trente-sept ans. Quant à son frère Philip Henry, leur brouille semble définitive. C'est pourtant la fille de celui-ci, Catherine Cleveland, fervente admiratrice d'Hester, qui rendra hommage à sa tante en publiant sa correspondance.

La mort de son frère James est une nouvelle épreuve pour la solitaire de Joun. Leur sœur Griselda essaie de rétablir un lien familial, elle écrit inlassablement. Elle pense qu'Hester voudra avoir des nouvelles du petit garçon de James. Mais Griselda n'aura jamais de réponse. Hester s'enferme. S'endurcit. Plus que jamais seule au monde. Sa santé se détériore.

Cinq ans après être parti, Charles Meryon s'est marié. Quand il apprend par le capitaine Yorke les difficultés de sa milady, il lui propose de revenir près d'elle avec sa femme. Hester accepte. Mais là aussi, sa lettre met des mois à arriver en Angleterre. N'ayant pas de nouvelles, Meryon s'est engagé ailleurs.

Dans l'isolement qu'elle s'est imposé, baignée dans les légendes et les superstitions orientales, Hester se tourne vers les sciences occultes. C'est sa passion pour les chevaux, sa sensibilité à leur caractère particulier – elle galope chaque jour en parfaite harmonie avec sa monture – qui la conduit à interpréter certains signes. Un jour, une jeune pouliche naît dans les écuries de Joun. Elle est malformée et porte des marques sur sa croupe. Hester y voit un signe : cette étrange jument nommée Laïla est destinée à porter le Messie quand il entrera à Jérusalem car, d'après les Écritures, la jument qui portera le Messie naîtra toute sellée. Une autre pouliche née toute blanche sera destinée à porter Lady Hester qui marchera à côté du Messie. En prévision de ces prodiges, les deux pouliches ne seront pas montées mais promenées quotidiennement à la main par deux palefreniers exclusivement affectés à leurs soins.

« Lady Hester croit profondément à l'astrologie, écrit Charles Meryon dans ses mémoires. Elle prétend être capable de décrire physiquement une personne en connaissant seulement son signe astrologique. D'après milady, la destinée d'un homme ressemble à des gradins en haut desquels se place son étoile. Assis à côté de l'étoile, il y a son ange gardien. Autour de lui, les plantes, les fleurs et les pierres propices à son bonheur. Tandis qu'en bas, le mauvais ange, les mauvaises plantes, les mauvaises fleurs, les mauvais arbres… Elle pense qu'un médecin qui connaîtrait ces choses serait capable de soigner le malade de la meilleure façon. »

Elle est convaincue que les étoiles sont communes à plusieurs êtres et que si elles entrent en contact, cela crée des liens affectifs. Tandis que des étoiles contraires créent de l'antipathie. « Les animaux aussi ont leur étoile, poursuivait Lady Hester lors de ses confidences à son médecin. J'ai eu une mule qui avait la même étoile que moi. Quand j'ai été malade, cette mule a exprimé des sentiments très sensibles. Certains hommes réussissent sous l'étoile d'un autre. Par exemple, tant que Napoléon a gardé Joséphine, il a eu de la chance. Cette chance s'est dissoute quand il l'a répudiée. [...] Je suis capable de déterminer l'étoile d'une personne d'après son visage avec beaucoup de succès. Et si vous voulez savoir comment on peut connaître des humains par les traits de leur visage, je vous répondrai qu'un jardinier devant lequel on étale les bulbes de vingt fleurs différentes pourra vous dire avec précision à quel moment chaque bulbe produira une pousse, puis une fleur. »

Ces propos ne choquent personne en Turquie, en Syrie, et particulièrement en pays druze, car tous les Orientaux croient à la théorie des signes, à l'astrologie et à la magie. Nombre d'entre eux portent sur la poitrine un médaillon chargé d'éloigner le mauvais œil. Pour eux, tout ce qui arrive aux humains a des causes surnaturelles. Lady Hester, qui savait très bien utiliser ces superstitions pour assurer sa protection, n'hésitait pas à se présenter devant les villageois comme une redoutable magicienne. Plus efficacement qu'un garde du corps, c'était la garantie de sa sécurité. « Lady Hester, vivant dans le pays des druzes, s'étant infatuée de leurs idées, comprit vite le parti qu'elle pourrait en tirer », écrit Gérard de Nerval dans son *Voyage en Orient*. Certes, mais elle est sincère.

Lady Hester a trouvé à Joun son royaume. Elle règne sur ses « sujets » en souveraine autoritaire, voire tyrannique. Elle a fait installer des sonnettes pour appeler ses domestiques qui doivent être disponibles de jour comme de nuit. « Les gens de ce pays ne doivent pas penser qu'une personne qui travaille pour moi puisse se mettre sur un pied d'égalité avec moi. Les Turcs connaissent l'autorité du pacha. Ceux qui l'entourent ne s'asseyent pas en sa présence, et ne lui adressent pas la parole sans y être invités. »

Hester veut retrouver son prestige d'autrefois, à la manière turque. Les hommes ont le pouvoir dans le monde ottoman, pourquoi ne l'aurait-elle pas ? Cela suppose s'habiller en homme, être traitée comme tel au point qu'elle affirme que « les Arabes ne se sont jamais souciés de savoir si j'étais un homme ou une femme ». Jouant de son androgynie, Hester s'impose, subjugue tous ceux qui l'approchent. Ses caprices et ses colères effraient son entourage, mais on lui obéit. Rares sont ceux qui lui résistent. Quand elle va trop loin, elle se montre généreuse, bienveillante, offre des cadeaux avec l'argent qu'elle n'a pas pour se faire pardonner. Elle fait le vide autour d'elle tout en ayant peur de l'abandon.

La paix de Joun sera de courte durée. Lady Hester, à cinquante ans, va déployer sa fougue guerrière, en tenant tête au prince de la montagne, l'émir des druzes.

La guerre des druzes

Depuis plusieurs générations, deux familles puissantes se disputent le pouvoir sur la communauté druze : les Joumblatt et les Chehab. En 1824, le leader des Joumblatt, le cheikh Béchir Joumblatt, soutenu par le pacha de Damas, se soulève contre l'émir Béchir Chehab, soutenu par le pacha d'Acre. « La montagne est en feu, écrit Hester à son ami le capitaine Yorke. Les combattants campent à deux heures de chez moi. Tous les villages autour de Joun sont désertés excepté un, qui tremble entre les soldats d'un côté et les montagnards de l'autre. Ils ne savent pas où aller. Ma situation n'est pas très agréable, non pas que je craigne le danger (je ne sais pas ce que la peur veut dire) mais je redoute un trop grand nombre de malheureux qui vont venir se réfugier ici. »

Avec l'aide directe du pacha d'Acre, c'est l'émir Béchir Chehab qui gagne cette guerre fratricide. Le cheikh Joumblatt prend la fuite avec deux cents hommes d'escorte. L'émir lui fait passer un message disant qu'il lui pardonne. Le cheikh, confiant, se rend. Il est aussitôt arrêté et jeté en prison pendant plusieurs mois. Le gouvernement de la Porte à Constantinople le condamne à mort. Le cheikh rebelle est étranglé, décapité, son corps coupé en morceaux est jeté aux chiens. Quant aux fils et à la femme du cheikh, leur mise à mort est d'une cruauté indicible.

L'émir Béchir Chehab, chez qui Hester avait passé un mois quelques années auparavant, le trouvant « agréable et généreux », était le voisin d'Hester. Il devient son pire ennemi. Elle est la première à dénoncer ses atrocités, le décrivant comme un monstre. Avoir dans son voisinage un homme aussi barbare est un grand sujet d'inquiétude pour elle. À raison, car la situation est de plus en plus tendue entre l'émir et la Lady de la montagne. Il menace tous ceux qui travaillent pour Lady Hester. « Il a décrété que tous les hommes, les femmes et les enfants qui me rendraient le moindre service seraient coupés en mille morceaux. Mes serviteurs ne peuvent sortir et les paysans ne peuvent approcher la maison. Nous sommes privés d'eau et de nourriture car l'eau est apportée à dos de mulet[2]. »

Par précaution, Hester dort avec un poignard sous son oreiller. Sa femme de chambre, Elizabeth Williams, est terrorisée. L'émir envoie cinq cents cavaliers rôder autour de Joun. Ils tuent trois hommes près du château pour intimider deux femmes anglaises, qui passent les trois mois d'été enfermées dans le domaine, « mais je leur montre que je n'ai pas peur », écrit Hester qui se compare à David affrontant Goliath et pense

2. Hester Stanhope à John Webb, 30 mai 1827.

que « Dieu lui viendra en aide pour la protéger des assassins qui l'entourent ». Sa témérité et son courage forcent le respect des villageois qui gravissent la montagne au milieu de la nuit pour lui apporter des vivres au péril de leur vie. Hester ne craint rien ni personne car elle croit au destin. « Tout est écrit. Rien ne sert de s'apitoyer ou de larmoyer. Nous ne pouvons rien changer. »

La guerre menace, non seulement dans la montagne libanaise mais dans toute la Syrie. L'Empire ottoman est fragilisé de toutes parts : la Grèce s'est proclamée indépendante en 1822. En réaction, le gouvernement de la Porte a demandé le renfort du pacha d'Égypte, Mehemet Ali – celui qui avait fait un accueil somptueux à Lady Hester. Ce dernier a envoyé son fils Ibrahim Pacha et vingt-cinq mille soldats pour battre les Grecs et apporter la victoire aux Turcs. Ibrahim Pacha assiège la ville de Missolonghi qui bloquait l'accès du golfe de Corinthe et du Péloponnèse et y assassine ses habitants grecs. Le bilan est effrayant : les vainqueurs ont massacré plus de cinq mille personnes et placé trois mille têtes coupées sur les remparts de la ville. Lord Byron était revenu pour encourager la révolte des Grecs et y trouve la mort (d'une fièvre) à trente-six ans. La disparition du célébrissime poète et le récit des exactions barbares réveillent l'opinion publique européenne en faveur des Grecs.

Victor Hugo consacre au martyre de la cité l'un de ses poèmes :

« Frères, Missolonghi fumante nous réclame,
Les Turcs ont investi ses remparts généreux.
Renvoyons leurs vaisseaux à leurs villes lointaines. [...]
Chassons, ô camarades,
Leurs canons de ses forts, leur flotte de ses rades[3]. »

Lady Hester est parfaitement au courant de tout ce qui se passe dans le pays par ses nombreux émissaires. Elle apprend le sort malheureux de Lord Byron et la cuisante défaite que les flottes anglaise, française et russe, pour une fois associées, infligent aux Ottomans, coulant plus de cinquante bateaux dans la baie de Navarin, à l'ouest du Péloponnèse.

Après la défaite des Turcs à Navarin, de nombreux résidents de Saïda – français et anglais – craignent les représailles des Égyptiens et des Ottomans. Ils se précipitent au château de Joun pour s'y réfugier. Hester et Elizabeth Williams accueillent une fois de plus les fuyards. Hester vend les dernières pièces d'or qui lui restent : quarante pièces qu'elle avait sauvées du naufrage de Rhodes.

3. Victor Hugo, « La première voix », *Les Orientales*, 1826.

Grandeur et décadence

Cette femme seule, enfermée dans son nid d'aigle au sommet d'un pic, ne baisse pas la tête. Le sang des Pitt coule dans ses veines, répète-t-elle. Criblée de dettes, cruellement démunie, elle emprunte à des taux de 50 % par an. Hester décrit à Charles Meryon une situation désespérée : elle n'a même plus de quoi se vêtir car elle a distribué tous ses vêtements aux réfugiés qui étaient encore plus pauvres qu'elle. « Leur détresse est si grande que je leur ai tout donné, à l'exception de quelques affaires trop raffinées pour être portées dans ces circonstances. » Elizabeth Williams a bien des difficultés à contrôler les serviteurs qui la volent et agissent à leur guise. « Parfois, j'ai vingt personnes chez moi, parfois aucune. Ils mettent leur *aba* sur l'épaule et s'en vont au milieu de la nuit sans raison. Quand ils ont obtenu un peu d'argent et des vêtements, ils préfèrent vendre du brandy ou profiter de la confusion du pays pour faire pire [...]. Elizabeth Williams s'est blessé le bras, je lui interdis de se servir de son bras pour au moins trois semaines. Je travaille comme une esclave. Qui prendrait soin de cette pauvre Williams s'il m'arrivait quelque chose ? »

Un jour, un personnage vient lui rendre visite. Il se dit chargé d'une mission par le duc de Sussex. Il lui offre de payer ses dettes et prétend lui procurer un revenu confortable. Elle écrit à Meryon que ses soucis vont prendre fin, que ses dettes qui s'élèvent à dix mille livres vont être payées, qu'elle pourra engager de nouveau des serviteurs et même le payer lui, Charles Meryon, mille livres par an. Elle lui demande de revenir car elle devient aveugle. Elle affirme qu'elle ne rentrera jamais en Angleterre, « il faudrait pour cela qu'on m'enchaîne ».

Meryon, qui a quitté milady il y a dix ans, une fois de plus vole à son secours. Il convainc sa femme de partir pour la Syrie et tous deux franchissent la Manche à Calais en janvier 1827, trouvent un bateau pour traverser la Méditerranée, mais au large de la Crête, ils sont attaqués et pillés par des pirates grecs. Terrorisée, Mme Meryon exige de faire demi-tour et ils rentrent en Angleterre. Pendant ce temps, Hester les attend. Elle prépare leurs chambres et se réjouit de les recevoir. En vain : Meryon et sa famille ne reviendront en Syrie que trois années plus tard. Les dettes d'Hester ne seront jamais remboursées, elle n'aura jamais les milliers de livres sterling promis. Le visiteur « chargé d'une mission » n'était qu'un imposteur.

Affaiblie, affamée, Hester tombe malade. La peste frappe maintenant tout le Mont-Liban. Sa femme de chambre est touchée à son tour. Les deux femmes, malades toutes deux, ne peuvent se porter secours l'une à l'autre. Une servante fait boire à Elizabeth Williams une potion de séné censée la guérir. Mais la dose est trop forte. Le lendemain, la pauvre Elizabeth est morte. Hester délire, seule. Un vieux paysan vient l'assister. Quand il entre dans la chambre, il la trouve rigide et froide comme si elle était morte de faim. « Il m'a donné à manger, raconte-t-elle, et j'ai survécu, sans aucun médecin ! Je ne suis pas inquiète. Ce qui doit arriver, arrive. Cela m'aide à supporter les malheurs de ces dernières années là où beaucoup d'autres auraient sombré. »

À Joun, la confusion est totale. Réfugiés et serviteurs sont livrés à eux-mêmes dans l'immense demeure. Seule compagnie de confiance auprès d'Hester, une petite fille de huit ans, Fatoum, qu'elle a vu naître et qu'elle a pratiquement élevée.

Charles Meryon et sa femme arrivent à Joun en décembre 1830. Hester est si heureuse de revoir un visage ami et dévoué qu'elle l'embrasse sur les deux joues, à la grande surprise du docteur qui n'était pas habitué à ces effusions. Elle accueille tout aussi chaleureusement sa femme, même si elle lui avait déconseillé de venir car la Syrie n'est pas l'endroit idéal pour une Anglaise. Ils dînent tous ensemble. La joie du médecin est de courte durée car il découvre, abasourdi, l'état de Lady Hester et de sa maisonnée. « Je m'étonnais de la voir si pauvre, nous étions assis sur des chaises défoncées. Nous avons mangé sur une simple table de bois brut, dans des écuelles de terre cuite et avec les deux seules petites cuillers en argent qu'il lui restait. »

Pendant la maladie d'Hester, ses serviteurs ont pillé tout ce qui leur tombait sous la main, y compris les coussins et les couvertures des sofas.

Meryon ne cache pas son étonnement de voir que sa milady dort dans une chambre plus que rustique : sol en terre battue, un rideau rouge déchiré suspendu à une corde partage la chambre en deux. Les trois fenêtres de la chambre sont, elles, sans rideau. Quelques niches à même le mur contiennent des livres, du papier pour écrire, des objets usuels, des ciseaux, des lunettes, des épingles à cheveux, des assiettes, tout cela dans un grand désordre et couvert de poussière. Parmi les livres, une bible, un livre de cuisine, et un livre en français, *Avis au peuple sur sa santé, ou traité des maladies les plus fréquentes* de Samuel Tissot, un médecin suisse célèbre à cette époque. Une jarre en terre couverte d'une bassine en cuivre lui sert de cabinet de toilette. Le sol est jonché de tissus en coton coloré, des morceaux de papier d'emballage. De boîtes destinées à faire des cadeaux. Son lit, un simple matelas posé sur une planche, n'a pas de rideau ni de moustiquaire. Une pelisse de fourrure, des couvertures de campement et une *aba* de laine le recouvrent. Près du lit, Charles Meryon décrit une étagère très chargée de choses hétéroclites : une réserve de framboises, de la limonade, du thé à la camomille, des pastilles, une bouteille d'eau, un sirop violet, du vin, des graines d'anis et des clous de girofle, une réserve de pâtes de fruits, de l'orgeat, du thé froid et une boîte de pilules. Pour le docteur, il fallait être très adroit pour se saisir d'un seul objet sans faire tomber tous les autres.

Près de son lit pend l'inévitable corde pour sonner la cloche et appeler ses serviteurs. Elle n'a ni montre ni horloge, et quand Meryon la quitte le soir, elle veut savoir l'heure. « Je pris la liberté de lui demander pourquoi, depuis toutes ces années, elle n'avait pas acquis de montre. Elle me répondit : "Parce que je ne supporte pas ce qui n'est pas naturel. Le soleil suffit pour le jour, la lune et les étoiles pour la nuit. Ce sont eux qui m'indiquent la mesure du temps". »

Près de la chambre, elle a fait installer un bain turc et s'en sert souvent. Elle dort, selon la coutume orientale, sans se dévêtir, avec son keffieh et une écharpe sur la tête et les épaules. Près d'elle, une lampe à huile toujours allumée. Une servante dort sur une paillasse étendue sur le sol de sa chambre. Avant de dormir, Hester fume, avale une grande quantité de sucre, puis prend un clou de girofle pour chasser le goût du sucre.

Réveillée n'importe quand selon son humeur, elle mène une vie infernale à ses serviteurs, les sonne en pleine nuit pour leur demander un toast ou une limonade qu'elle ne touche pas. Après, elle s'endort pour quatre ou cinq heures et les serviteurs peuvent enfin se reposer. Tous les matins, le secrétaire, un Français nommé Chasseaud, lui dresse la liste des serviteurs entrants et sortants et le compte exact de ce qu'ils avaient fait la veille. Ce ne sont qu'histoires de paresse, chapardage, tous les serviteurs ne sont pour elle que des coquins. Elle confie au docteur qu'au cours des quatre années passées, elle n'est pas sortie de sa maison et de son jardin privé car sinon « elle aurait pu s'énerver, ce qui l'aurait rendue encore plus malade ».

Lady Hester a beau punir, sonner la cloche, elle n'obtient jamais ce qu'elle souhaite de ses serviteurs qui ne comprennent pas les désirs d'une Anglaise. Elle n'arrive pas à leur inculquer les règles élémentaires d'hygiène, par exemple qu'il ne faut pas se moucher dans la serviette qui essuie les verres. Quand Miss Williams vivait, la maison gardait une certaine propreté, mais maintenant, Lady Hester punit et crie en vain. Malgré son comportement tyrannique, Meryon observe que si toutes les servantes ont envie de la quitter, toutes veulent ensuite revenir. Lady Hester reste populaire car « elle place tous ceux qui l'approchent dans l'orbite de son attraction », écrit-il, pensant aussi à son cas personnel.

À cinquante-cinq ans, Hester a maintenant le visage émacié, la tête entièrement rasée. Elle porte toujours une *aba* de laine tombant sur ses épaules, par-dessus une robe, une blouse de couleur crème et un pantalon bouffant écarlate sur des bottes turques jaunes. Un turban grossier autour d'un fez rouge couvre son crâne et, par-dessus tout cela, un keffieh pend de part et d'autre de son visage. Jamais de perles, de pierres précieuses ou un quelconque bijou : elle les a tous perdus dans le naufrage de Rhodes.

Quand elle a suffisamment arpenté son jardin, de jour ou de nuit, elle reçoit les nombreux informateurs qu'elle paye en empruntant toujours davantage pour savoir ce qui se passe autour de Joun et dans tous les *pachaliks* de Syrie. Enfin, sa correspondance occupe la plus grande partie de son temps, elle écrit sur tout ce qui lui passe par la tête : sur l'art de la fabrication du beurre ou de la couture d'une nappe, sur la manière de soigner un cheval malade. Elle a une opinion sur tout et tout l'intéresse.

Son principal correspondant est le pacha d'Acre, Abdallah, à qui elle ne se prive pas de dire ses quatre vérités : elle lui reproche ses confiscations et extorsions qui ont conduit des familles à l'exil. « Je suis seule à lui dire qu'il se fait haïr par ses vols, je lui parle franchement alors que tous les autres le flattent. »

Dans ses appartements privés, elle a fait aménager un salon pour recevoir ses visiteurs, bavarder tout en fumant. Elle n'est jamais fatiguée d'argumenter, d'écouter, de contester et la conversation peut durer des heures. Un missionnaire est resté chez elle de trois heures de l'après-midi jusqu'au lever du soleil le lendemain. Avec Meryon, elle discute pendant dix, douze heures d'affilée, sans imaginer faire une pause. Elle a, en outre, une capacité troublante à deviner le tempérament de ses interlocuteurs. « Il n'y avait pas de secret, même scrupuleusement caché, qu'elle ne dévoilât, rien dans l'esprit de son interlocuteur qu'elle ne pût pénétrer, aucun labyrinthe qu'elle ne pût décrypter. C'est ce qui la rendait si “formidable”. Elle était capable de peindre un portrait de vous-même, ou de dresser le portrait de quelqu'un d'autre. Elle me raconta un jour l'histoire d'une servante qui continua à servir pendant plusieurs années son maître qui n'avait plus un sou pour la payer. Elle était si éloquente que je ne pus m'empêcher de comparer cette histoire à la mienne, moi qui avais accouru pour la secourir dans sa détresse, tout en pensant la quitter en raison de nos récents différends, que j'éclatais en sanglots et pleurai amèrement. »

Eugenia Meryon se méfie de cette Lady qui accapare son mari. Pourtant Hester la reçoit aimablement, lui offre une veste turque brodée et un très beau turban qu'elle arrange elle-même sur la tête de son invitée, mais, ignorant les coutumes orientales, Eugenia laisse ses cadeaux sur la table sans un mot, ce qui est considéré comme une très grave insulte. Hester n'en prend pas ombrage cette fois-là. Le conflit éclate entre les deux femmes quand le pacha de Damas, ayant appris le retour du docteur, lui demande de venir le soigner. Hester déconseille à sa femme de l'accompagner. Refus catégorique de Mme Meryon. Colère d'Hester. Meryon soutient sa femme et passe plusieurs jours sans venir à

Joun. Fatoum, la protégée d'Hester, débarque pendant le petit déjeuner du couple Meryon pour dire que Lady Hester est tombée malade. Mais Mme Meryon ne se laisse pas impressionner. Elle prend Fatoum par les épaules, la met dehors et la renvoie chez sa maîtresse. Après une entrevue houleuse avec sa milady, le docteur annonce qu'il va rentrer en Europe avec sa femme. Hester ne dit rien.

Les Meryon attendent un envoi de fonds d'Angleterre pour financer le voyage de retour. Ils quittent la Syrie en mars 1831 après avoir passé un an et demi auprès de Lady Hester. Leurs derniers mois sont pénibles car le bruit s'étant répandu qu'ils se seraient brouillés avec Lady Stanhope, leurs voisins et même leurs amis de Saïda évitent leur présence. Toutefois, Hester continue de recevoir le docteur avec égards et elle provisionne le bateau sur lequel le couple doit embarquer. Elle leur fait porter des gâteaux aux amandes et une quantité de pâtisseries arabes dont elle sait Meryon très friand. Elle y ajoute une pipe d'ambre et un paquet du meilleur tabac provenant de sa réserve personnelle.

Quelques mois après le départ du couple Meryon, c'est une nouvelle année sombre au Levant, marquée encore par la guerre : Ibrahim Pacha, le fils de Mehemet Ali, placé à la tête de l'armée égyptienne, cherche à libérer l'Égypte de la tutelle ottomane. Il envahit la Syrie et prend possession des villes de Saint-Jean-d'Acre, de

Jaffa et de Gaza. Ses troupes arrivent jusqu'à Smyrne, sur la côte de la mer Égée, et menacent Constantinople. Pour arrêter l'avancée d'Ibrahim Pacha, la Porte appelle au secours les puissances occidentales, c'est-à-dire la Quintuple Alliance (Grande-Bretagne, Russie, Prusse, Autriche et la France de Louis-Philippe, nouvellement alliée pour reconstruire l'Europe après la chute de Napoléon). En 1833, le traité de Kutahya accorde à l'Égyptien la souveraineté sur toute la Syrie dont il devient gouverneur. Il ne le sera pas très longtemps : en 1838, les druzes se révoltent et l'armée ottomane tente de retrouver sa suprématie sur la région. Battue à Nezib en 1839, la Grande-Bretagne vient au secours des Turcs et impose à Ibrahim Pacha l'évacuation de toute la Syrie, ce qu'il fera en 1841.

Le poète et la Lady

C'est dans cette période troublée que Lamartine parcourt le Liban. Il y est arrivé au printemps 1832 en voilier avec sa femme et sa fille Julia, atteinte de tuberculose. Il imagine que l'air méditerranéen sera bénéfique pour guérir sa fille âgée de dix ans. De Beyrouth où il a loué une maison, il écrit à la célèbre Lady Stanhope dont les aventures sont déjà légendaires en Syrie : « Milady, voyageur comme vous, étranger comme vous dans l'Orient, n'y venant chercher comme vous que le spectacle de sa nature, de ses ruines et des œuvres de Dieu, je viens d'arriver en Syrie avec ma famille. Je compterais au nombre des jours les plus intéressants de mon voyage celui où j'aurais connu une femme qui est elle-même une des merveilles de l'Orient que je viens visiter. [...] Que cette demande, Milady, ne contraigne en rien votre politesse à m'accorder ce qui répugnerait à vos habitudes de retraite absolue. Je comprends trop bien moi-même le prix de la liberté et le charme de la solitude, pour ne pas comprendre votre refus et pour ne pas le respecter. »

Lady Hester parle parfaitement le français et comprend toutes les subtilités polies du poète. Heureuse de pouvoir converser avec quelqu'un d'aussi civilisé, elle lui répond par retour, même si elle ne connaît pas du tout Lamartine qui, à quarante-deux ans, est un écrivain et homme politique renommé en Europe.

Il part de Saïda tôt le matin à cheval en compagnie de quatre personnes sur le chemin de la montagne libanaise, sensible lui aussi à la beauté du site : « Toutes les images de la poésie biblique sont gravées en lettres majuscules sur la face sillonnée du Liban et de ses cimes dorées, de ses vallées ruisselantes et de ses vallées muettes et mortes » qu'il oppose à la nature française « gracieuse, douce et cultivée, nature civilisée et décolorée comme nous »[4].

4. Lamartine, *Voyage en Orient*, Paris, 1835.

Il arrive à midi à Joun : « La maison n'est pas ce qu'on appelle ainsi en Europe. Ce n'est pas même ce qu'on nomme maison en Orient ; c'est un assemblage confus et bizarre de dix ou douze maisonnettes, ne contenant chacune qu'une ou deux chambres au rez-de-chaussée, sans fenêtres et séparées les unes des autres par de petites cours ou jardins, assemblage tout à fait pareil à ces pauvres couvents qu'on rencontre en Italie ou en Espagne sur les hautes montagnes. »

Quand la dame de Joun lui fait savoir qu'elle est disposée à le recevoir, il est surpris par sa beauté, sa grande classe : « Lady Hester paraît avoir cinquante ans[5]. Elle a de ces traits que les années ne peuvent altérer. La fraîcheur, la couleur, la grâce s'en vont avec la jeunesse ; mais quand la beauté est dans la forme même, dans la pureté des lignes, dans la dignité, dans la majesté, dans la pensée d'un visage d'homme ou de femme, la beauté change aux différentes époques de la vie, mais elle ne passe pas. Telle est celle de Lady Hester Stanhope. » Laquelle est consciente de faire le plus bel effet sur son hôte en arborant ses derniers beaux habits : un turban blanc, un foulard pourpre autour du front, un châle de cachemire jaune par-dessus une tunique longue de soie blanche aux manches bouffantes. « Un costume oriental qu'elle portait avec la liberté et la grâce d'une personne qui n'en

5. Elle en a cinquante-six.

a pas porté d'autres depuis sa jeunesse », écrit le poète. « Vous êtes venu de bien loin pour voir une ermite, lui dit-elle en lui tendant la main. Soyez le bienvenu, je reçois peu d'étrangers, un ou deux à peine par année ; mais votre lettre m'a plu et j'ai désiré connaître une personne qui aimait comme moi Dieu, la nature et la solitude. Quelque chose d'ailleurs me dit que nos étoiles étaient amies, que nous nous conviendrions mutuellement. Je vois avec plaisir que mon pressentiment ne m'a pas trompée, et vos traits que je vois maintenant, et le seul bruit de vos pas pendant que vous traversiez le corridor, m'en ont assez appris sur vous… Nous sommes déjà amis… Ne me prenez point pour une folle comme le monde me nomme souvent… Il est une science, perdue aujourd'hui dans votre Europe, science qui est née en Orient et qui n'y a jamais péri, qui y vit encore. Je la possède – je lis dans les astres. Nous sommes tous enfants de ces feux célestes qui présidèrent à notre naissance et dont l'influence heureuse ou maligne est écrite dans nos yeux, sur nos fronts, dans nos traits… Je ne vous vois que depuis quelques minutes, eh bien je vous connais comme si j'avais vécu un siècle avec vous. Remerciez Dieu, il y a peu d'hommes qui soient nés sous plus d'une étoile, peu dont l'étoile soit heureuse, moins encore dont l'étoile, même favorable, ne soit contrebalancée par l'influence maligne d'une étoile opposée. Vous au contraire, vous en avez plusieurs et toutes sont en harmonie pour vous servir et toutes s'entraident en votre faveur. Quel est votre nom[6] ? »

Si Lady Hester ignorait la notoriété de son visiteur, elle prétend voir clair dans sa destinée et lui propose de prédire son avenir. Lamartine refuse poliment et la conversation s'engage sur le sujet qui obsède Hester depuis plusieurs années : l'arrivée du Messie.

« Il me parut, écrit Lamartine, que les doctrines religieuses de Lady Hester étaient un mélange habile, quoique confus, des différentes religions au milieu desquelles elle s'est condamnée à vivre. Mystérieuse comme les druzes dont, seule peut-être au monde, elle connaît le secret mystique ; résignée comme le musulman et fataliste comme lui ; avec le juif, attendant le Messie ; et avec le chrétien, professant l'adoration du Christ et de sa charitable morale. Ajoutez à cela les couleurs fantastiques et les rêves surnaturels d'une imagination teinte d'Orient et échauffée par la solitude et la méditation, quelques révélations peut-être des astrologues arabes ; et vous aurez l'idée de ce composé sublime et bizarre qu'il est plus commode d'appeler folie que de l'analyser et de le comprendre. Non, cette femme n'est point folle ! »

Suprême honneur : Lady Hester ouvre à Lamartine les portes de son jardin, « un sanctuaire où elle ne laisse pénétrer aucun profane ». Le poète décrit l'un

6. Lamartine, *Voyage en Orient*, *op. cit.*

des plus beaux jardins turcs qu'il ait jamais vus : « Des treilles sombres dont les voûtes de verdure portaient, comme des milliers de lustres, les raisins étincelants de la terre promise ; des kiosques où les arabesques sculptées s'enlaçaient aux jasmins et aux plantes grimpantes, lianes de l'Asie, des bassins où une eau artificielle, il est vrai, venait d'une lieue de loin, murmurer et jaillir dans les jets d'eau de marbre entourant des gerbes de fleurs nouvelles pour mes yeux. »

Lamartine a aussi le privilège de découvrir les deux juments qu'Hester considère comme sacrées. « L'une est de couleur baie, l'autre blanche, absolument parfaites. L'une a une malformation assez rare, une croupe très profonde qui donne l'impression qu'elle est sellée naturellement. »

Puis, une fois qu'ils sont rentrés au salon, Hester impose son cérémonial : un café leur est servi tous les quarts d'heure, les pipes et le tabac sont apportés. Assis sur un sofa défraîchi, ils ont chacun une *chibouque* tandis que se poursuit « la conversation élevée, mystique, nuageuse, mais soutenue, liée, enchaînée et forte de Lady Hester ». Peu à peu la pièce se remplit d'un nuage de fumée opaque, et le poète croit voir en Lady Stanhope une sorte de fantôme mystérieux enveloppé de voiles. Au cours de la nuit, elle se confie : « Je vieillis, j'ai diminué de beaucoup ma fortune. Je suis maintenant seule et abandonnée à moi-même sur ce rocher désert, en proie au premier audacieux qui voudrait forcer mes portes, entourée d'une bande de domestiques infidèles et d'esclaves ingrats qui me dépouillent tous les jours et menacent quelquefois ma vie… Eh bien au milieu de toutes ces tribulations, je suis heureuse. »

Lamartine est troublé par la présence de plusieurs serviteurs noirs au service de Lady Hester, même s'il n'y a pas d'esclaves à Joun. En France, Lamartine est un militant actif pour l'abolition de l'esclavage. « Je suis de ces hommes qui ne méprisent pas ce qui est en dessous d'eux dans l'ordre social, dont le désir ou le rêve serait d'appeler tous les hommes, indépendamment de leur degré dans les hiérarchies arbitraires de la politique, à la même lumière, à la même liberté et à la même perfection morale. »

« Je ne m'occupe plus de politique humaine, répond Hester. J'en ai assez. J'en ai trop vu pendant les dix ans que j'ai passés dans le cabinet de M. Pitt, mon oncle, et que toutes les intrigues de l'Europe retentissaient autour de moi ; j'ai méprisé, jeune, l'humanité, je ne veux plus en entendre parler. »

Lamartine, farouchement républicain, se risque à interroger son interlocutrice sur son admiration pour Napoléon, redoutant que son « fanatisme pour cet homme » mette une barrière entre eux. À quoi Lady Hester répond : « Je n'ai été fanatique que de ses malheurs et de pitié pour lui. » Le poète est séduit : « Je sentais qu'aucune corde ne manquait à cette haute et ferme intelligence, et que toutes les touches du clavier rendaient un son juste, fort et plein. »

Au petit jour, Hester prend congé : « “Point d’adieu ! Nous nous reverrons souvent dans ce voyage. Allez vous reposer et souvenez-vous que vous laissez une amie dans les solitudes du Liban.” Elle me tendit la main, et je portai la mienne sur mon cœur à la manière des Arabes. »

Ils ne se reverront pas. Lady Hester n’aimera pas du tout le récit que Lamartine fera de son « voyage en Orient ». Après sa visite à Joun, il sera reçu brièvement par l’émir Béchir dont il dressera un portrait flatteur, ignorant les exactions récentes de l’émir et notamment ses menaces sur Lady Hester.

De son côté, la prophétesse astrologue n’a pas vu le drame qui attendait Lamartine à son retour à Beyrouth ; la mort de sa fille unique Julia, pour qui il avait organisé ce voyage dans l’espoir que l’air sec guérirait sa tuberculose. Elle fut emportée en deux jours. Lamartine interrompit pendant quatre mois son voyage en Orient. Il rentra en France avec sa femme en mai 1833.

Pendant sa chevauchée dans la montagne pour rentrer à Beyrouth, Lamartine eut tout loisir de se demander ce qui rendait heureuse cette femme solitaire dans son nid d’aigle. La première réponse est sans doute dans l’acceptation de ce qu’elle pense être sa destinée. Pourquoi se battre puisque tout est écrit ?

a-t-elle répété maintes fois. Hester est délivrée du jugement des autres. Elle marche droit vers son incroyable « destin ». Sans hésitation. Sans états d'âme.

Frederic Madden, jeune écrivain et futur conservateur du British Museum, rend lui aussi visite à la dame de Joun : « Lady Hester ne cessa de m'étonner par la profondeur géniale de ses analyses et par sa manière de les exprimer[7]. » Il est frappé lui aussi par sa force de caractère et par sa conviction que c'est au cœur des montagnes du Liban qu'est sa place. « Je suis entourée de dangers, lui dit-elle. J'y suis habituée : j'ai fait naufrage, j'ai eu la peste, j'ai fait de graves chutes de cheval. J'ai affronté les voleurs du désert, tandis que mes compagnons tremblaient de peur. Les pillards ont tenté plusieurs fois de pénétrer dans ma maison. Je les ai repoussés, sabre à la main et humblement, ils m'ont demandé l'aumône. C'est ma destinée de rester ici. »

Madden constate cependant que la sécurité de Lady Hester est loin d'être assurée : devenue pauvre, elle n'a plus les moyens de couvrir de cadeaux les chefs et pachas locaux. Le pire d'entre eux, l'émir Béchir, qui s'honorait de recevoir une lady anglaise, la menace maintenant et débauche tous ceux qui travaillent pour elle. De nombreuses personnes se succèdent au service de Lady Stanhope. Parmi elles, elle distingue

7. *Diary of Frederic Madden*, éd. T. D. Rogers, Cambridge, Cambridge Bibliographical Society, 1980.

Logmagi, un ancien pêcheur d'éponges, ancien capitaine de bateau. Analphabète, il est très rusé et tient Hester informée de toutes les intrigues à Alep, Damas ou Acre. Il devient son factotum, son émissaire, et l'intermédiaire par lequel passent toutes les relations de Lady Hester avec les habitants du pays.

Au secours des réfugiés

Ce que Lamartine n'a pas vu, ce sont tous les réfugiés que Lady Hester abrite dans son domaine. En ces années 1831 et 1832, le pays tremble devant l'avancée d'Ibrahim Pacha. Pendant le siège de Saint-Jean-d'Acre, il a empêché les habitants d'avoir accès à l'eau. Hester leur fait envoyer de l'eau, se moquant du blocus. Elle a ouvert ses portes à tous les malheureux qui fuyaient leur ville dévastée : veuves et orphelins sans ressources, soldats blessés ou fuyards à demi nus… « En trois ans, dit-elle à Madden, ma maison est devenue une tour de Babel, remplie comme un village avec les malheureux réfugiés d'Acre, mélangés aux malheureux de toutes origines. Avec l'aide de Dieu, je tiendrai seule, debout, devant les attaques de tous ces coquins, qu'ils soient pachas ou consuls. Grâce à la détermination du caractère dont j'ai hérité, j'ai pu sauver beaucoup de têtes. Je me suis privée de tout pour aider ces gens. Je ne le regrette pas et si c'était à refaire, je le referais ! » Et elle ajoute une précision essentielle à ses yeux : « Ce que j'ai fait, je l'ai fait en mon nom seul et non pas au nom des Anglais. Je ne l'ai pas fait non plus pour aider le pacha d'Acre, Abdallah, mais par simple humanité. »

Elle ne cache pas une certaine admiration pour l'audace d'Ibrahim Pacha, qu'elle pense doté de pouvoirs maléfiques, comme celui de ne pas craindre les balles de fusil, « malgré la gentillesse avec laquelle son père, Mehemet Ali, m'a accueillie autrefois, son fils est un homme mauvais et je suis son ennemie ».

Ibrahim Pacha n'osera jamais attaquer la forteresse de Joun qui reste, pendant l'occupation des forces égyptiennes en Syrie, une enclave de liberté. Mehemet Ali lui a toujours dit que Lady Hester Stanhope lui avait causé plus d'ennuis que tous les insurgés réunis de Syrie et de Palestine.

L'astrologue voyageur : Alexander Kinglake

Le livre de Lamartine *Voyage en Orient*, publié dès son retour de voyage en 1835, rencontre un immense succès et apporte la notoriété à Hester Stanhope. Il est traduit dans tous les pays d'Europe. En Angleterre, il relance l'intérêt pour une lady oubliée. De nombreux voyageurs sont curieux de la voir, d'autant que Lamartine a donné tous les détails sur son lieu de résidence pour la trouver sans peine. Il relate la vie de Lady Stanhope mais son récit fourmille d'erreurs : après son naufrage, il écrit qu'elle serait retournée en Angleterre, aurait vendu ses propriétés pour revenir en Orient, etc. Quand ces fables arriveront aux oreilles d'Hester, elle entrera dans une grande colère et décidera de refuser toutes les visites d'Européens en mal d'exotisme.

Elle fait une exception pour Alexander William Kinglake qui, à vingt-six ans, n'est pas encore un historien connu. Hester répond favorablement à sa demande d'entretien car elle se souvient de la mère d'Alexander qu'elle a rencontrée lorsqu'elle vivait dans le Somerset, au château de sa grand-mère, Lady Chattam. La mère d'Alexander a raconté à son fils que Lady Hester, encore adolescente, était la seule à pouvoir dompter des chevaux sauvages.

Le jeune homme arrive à Joun. Il pleut si fort qu'il est trempé après avoir traversé des cours et des jardins jusqu'aux appartements d'Hester. On lui sert un dîner puis son hôtesse l'attend au salon. Hester accueille chaleureusement ce jeune Anglais qui lui apporte des nouvelles d'une région, le Somerset, où elle a été heureuse.

Alexander Kinglake, comme tant d'Européens à cette époque, est fasciné par tout ce qui touche à l'Orient. Il est parti à l'aventure et tient le journal de son voyage à travers la Turquie, la Syrie et la Palestine. Alors que la région est ravagée par l'épidémie de peste, rien ne l'arrête. Il est certain de ne pas attraper la maladie, même quand les morts s'entassent autour de lui. Il publiera le récit de son voyage en 1847 sous le titre *Eothen*[8]. *Relation d'un voyage en Orient*, et connaîtra lui aussi un vif succès en Angleterre et en France.

Hester se tient assise sur un sofa à son habitude, Alexander Kinglake est face à elle sur une chaise. Café et *chibouque* sont apportés et la conversation s'engage pour une partie de la nuit. C'est cette fois plus un monologue qu'un dialogue, car Hester n'a plus souvent l'occasion de parler anglais. Le jeune homme relate la rencontre avec humour et détachement, refusant de se laisser impressionner par une femme qui défraye la chronique depuis qu'il a entamé ce voyage en Orient, et sur laquelle circulent toujours des histoires fantastiques. La légende de la « *sitt inglese* » est en marche. Des fables vont naître et se répandre au cours des années, surtout sous ces cieux orientaux propices aux contes. Hester alimente sa légende en racontant des anecdotes vécues qu'elle enjolive : alors qu'elle est l'hôte d'un cheikh arabe, celui-ci lui confie qu'une autre tribu bédouine est choquée de la présence d'une étrangère et se prépare à l'attaquer. Des éclaireurs viennent annoncer qu'une centaine de cavaliers, lances dressées, approchent de la tribu qui

8. *Eothen* signifie, en grec, « Naissance de l'aurore ».

a accueilli la voyageuse. Aussitôt, Hester saute sur un cheval, et galope à la rencontre des assaillants, le visage en partie caché par un voile. Arrivée à quelques mètres des cavaliers bédouins, elle s'arrête, se dresse debout sur ses étriers, enlève son voile et hurle : « Arrière ! » L'agressivité des cavaliers stupéfaits se change aussitôt en joie et en rires de voir cette femme, furieuse, immense, les défier ! Ils l'entourent en tirant des coups de feu en l'air pour saluer son courage et son autorité naturelle.

Un jour, un groupe de Bédouins discutent de la vieille Anglaise. Les uns se demandent comment une telle femme peut être aussi charitable, aussi généreuse. Cela prouverait qu'elle n'a pas toutes ses facultés. Les autres la considèrent comme une sainte. Un vieil homme demande le silence. « Assurément, elle est folle, affirme-t-il devant l'assemblée médusée. Parce qu'elle ne met pas de sucre dans son café[9] ! » Qui a bu du café turc peut comprendre qu'il faut avoir un goût étrange pour le consommer sans sucre !

Comme elle l'avait recommandé à Lamartine, Hester conseille à Alexander Kinglake de se fixer en Asie car elle prétend que le monde est à la veille d'un bouleversement effroyable qui détruira sur la terre toute valeur attachée à la propriété. « Elle me dit encore qu'après l'avoir quittée, j'irais en Égypte mais que

9. Lieutenant Welshed, *Travels in Arabia*, Londres, Murray, 1838.

je reviendrais en Syrie. Je souris en moi-même de cette prophétie, la regardant comme un coup manqué car j'avais décidé, après avoir visité les pyramides, de m'embarquer à Alexandrie pour la Grèce. Pourtant, Lady Hester avait vu juste : la peste survint en Égypte et, pour éviter la quarantaine à l'arrivée en Grèce, si j'avais pris le bateau à Alexandrie, je restai en Égypte et me retrouvai ensuite dans les montagnes du Liban, exactement comme l'avait prédit la prophétesse. »

Au cours de son long voyage en Orient, le jeune Kinglake découvrira que la croyance aux devins et aux prophètes est très répandue : « En Syrie, en Palestine, en Égypte, vous pourriez aussi bien nier l'existence du soleil ou de l'eau que celle des magiciens. À cet égard, il n'y a nulle controverse… Un Européen, fraîchement arrivé, est d'abord à l'épreuve contre les absurdités dont il est assailli ; mais il arrive maintes fois qu'au bout de quelque temps, l'atmosphère dans laquelle il vit commence à l'infecter, et s'il n'a pas l'habitude de cette résistance que la raison oppose à l'erreur, il finira par céder ; il partagera la foi des gens dont il est entouré. […] Même parmi les Anglais que leur bon sens et leur solide instruction religieuse semblent devoir mettre à l'abri de l'erreur, j'ai vu le négociant calculateur, le voyageur curieux, l'officier de marine vigilant, je les ai vus tous se rendre à l'influence qu'exerce comme une véritable magie l'opinion des populations. »

Profitant de la présence d'un Européen auprès duquel il peut s'épancher, le secrétaire italien de Lady Hester apprend à Alexander Kinglake que sa maîtresse, exigeante et parfois tyrannique, est détestée par les gens qui l'entourent. « En Orient, le respect et la haine sont des sentiments qui s'allient souvent à l'égard de la même personne. La croyance générale dans le pouvoir surnaturel de la merveilleuse dame blanche, son caractère résolu et impérieux, et par-dessus tout, peut-être, ses terribles Albanais[10] qui ne se seraient pas fait prier pour mettre à sac un village ; tout cela inspirait pour elle une vénération sincère. Être respecté en Orient, ce n'est pas une vaine distinction honorifique, cela vous donne le droit incontestable de prendre à votre voisin son blé, son bétail, ses œufs, son miel, en un mot tout ce qui lui appartient, excepté ses femmes. C'est en vertu d'une loi semblable qu'agissait la princesse de Joun, et c'est au moyen de contributions réparties sur les villages voisins que subsistaient son monde et sa maison. »

Comme le jeune homme prend congé de Lady Hester, elle le retient encore une nuit, avide de converser, de transmettre sa passion pour l'astrologie. Elle l'invite à revenir la voir, à quitter l'Europe et à s'installer au Moyen-Orient. Les occasions d'échanger des

10. Les soldats qui avaient déserté l'armée d'Ibrahim Pacha pendant le siège d'Acre et qui s'étaient réfugiés chez Lady Hester.

idées avec un Européen sont rares. Mais Alexander Kinglake veut poursuivre son voyage et n'est pas sensible à l'envoûtement qu'exerce cette femme sur ceux qui l'approchent. « Je remarquai qu'elle avait au fond quelques doutes sur sa propre supériorité ; je la surpris faisant des efforts pour croire en elle-même. Quant à sa foi dans l'astrologie et la magie, il ne faut pas en conclure qu'elle ait eu le cerveau fêlé. Elle croyait à cela en accord avec toutes les personnes qui l'entouraient, car elle ne parlait guère qu'à de vieux derviches, imbéciles et fripons qui empochaient ses aumônes et encourageaient ses extravagances, et alors même qu'elle était en contact avec d'autres personnes, elle n'était l'objet d'aucune contradiction. Cet entourage et la privation complète de livres et de journaux l'avaient facilement disposée à accueillir toute sorte de récits merveilleux. »

CHAPITRE VI

La princesse déchue

Alexander Kinglake parti, Hester se retrouve seule. Seule dans une maison qui tombe en ruines. Seule face aux pachas menaçants qui l'entourent. Seule face à la vieillesse qui vient. Les lettres d'Europe sont de plus en plus rares. Michael Bruce a disparu. La famille Stanhope n'existe plus pour elle. En Angleterre, son image se fait floue, comme une ombre lointaine, déjà irréelle.

Charles Meryon : le retour

Le 26 août 1836, alors qu'elle vient d'avoir soixante ans, elle se tourne une fois encore vers le fidèle Charles Meryon : « J'espère ne pas réclamer en vain l'aide de mon vieil ami… Je voudrais que vous veniez dès que possible. » Elle termine sa lettre par une liste de courses qui laisse entrevoir son dénuement : six tasses et sous-tasses, une théière noire ou rouge comme vous voulez, deux pots à lait, six assiettes, quatre verres, un beurrier et un pot pour le miel, un panier à pain, une douzaine de bassines, quelques chandeliers ordinaires, des brosses à récurer pour la cuisine. Pour récompenser sa petite servante Fatoum, elle demande à Meryon de trouver quelques bijoux de pacotille : boucles d'oreilles, bague, bracelet…

Hester avoue à son médecin qu'elle a été malade, elle a vomi du sang pendant une semaine. Elle ne mange pas. Elle est très maigre. Mais elle guérit, tant et si bien qu'un médecin qui passait par Joun lui a dit qu'il n'avait jamais rencontré quelqu'un d'une constitution aussi robuste.

Charles Meryon entreprend sans hésiter un nouveau voyage de Londres au Liban pour secourir sa milady. Il arrive à Beyrouth en juillet 1837. Mais, contre l'avis d'Hester, sa femme est du voyage, ainsi que sa fille Eugenia et la nurse de sa fille. Il installe sa famille à Saïda, qui était, dans son souvenir, une petite ville de bord de mer accueillante et sympathique. Il découvre une ville jonchée de décombres après le tremblement de terre qui a détruit la moitié des maisons six mois plus tôt. Le consul de France lui propose de planter une tente dans le jardin du consulat. Ce n'est pas l'émerveillement du voyage en Orient pour la famille Meryon, exténuée par plusieurs mois de pérégrinations pour rejoindre la Syrie. Quand le médecin rentre de Joun où il est allé aussitôt rendre visite à Hester, il trouve les deux femmes et sa fille en larmes et terrorisées. Un déserteur a tenté de se cacher dans le jardin du consulat la nuit précédente… Ils s'installeront finalement à Mar Elias, l'ancien monastère que Lady Hester avait loué quelques années auparavant, passablement détruit lui aussi par le tremblement de terre. À Mar Elias, Meryon retrouve quelqu'un qu'il a connu auprès d'Hester, le « berger-général » Loustaunau, désormais âgé de quatre-vingt-deux ans. Depuis vingt ans, il vit grâce à l'aide d'Hester, qui l'appelle « le prophète ». Elle accueille aussi son fils, le capitaine Loustaunau, qui a fait partie de la garde impériale de Napoléon. Il mourra bien avant son père, à trente-deux ans.

Deux mois après leur arrivée au Liban, Mme Meryon refuse de rester à Mar Elias, exige que Lady Hester les installe dans une vraie maison, tout près de Joun, pour qu'elle puisse passer au moins ses soirées avec son mari. Charles Meryon est pris en étau entre deux femmes aux caractères très différents, mais tout aussi déterminées l'une que l'autre. Eugenia Meryon n'est pas le moins du monde émue par Hester Stanhope. Au contraire, la disponibilité, et peut-être la soumission, de son mari à cette ancienne « princesse du désert » lui est de plus en plus insupportable.

Sentant la tension, Hester propose à la famille Meryon de repartir : elle suggère qu'ils passent l'hiver à Chypre pour que le couple se retrouve, et de là, reviennent au Liban ou bien rentrent en Europe. Charles Meryon est profondément attaché à une femme dont il prend soin depuis près de trente ans. Il connaît ses sautes d'humeur, ses crises de nerfs, mais il ne peut se résoudre à l'abandonner : « Comment pourrais-je la quitter alors qu'elle est si démunie ? Je décidai de rester aussi longtemps que ma présence serait utile et que je pourrais lui apporter un peu de réconfort. Ainsi je me sentais en paix avec moi-même. » Il trouve une maison près de Joun. Il passera les prochains mois à monter et descendre à dos d'âne plusieurs fois par jour le raidillon qui mène au château.

Tous les soirs, Meryon tient compagnie à sa milady : il copie des lettres ou lit des textes à voix haute car Hester ne voit plus clair. Elle se confie davantage, raconte les moments qu'elle a passés à Downing Street. Lorsqu'elle évoque ses souvenirs à soixante ans passés, Hester ne parle pas de sa famille, de John Moore, ou même de Michael, mais de son oncle William Pitt qu'elle vénère par-dessus tout. Meryon prend des notes. « Cela me rend malade de penser que M. Pitt est mort d'épuisement pour avoir trop travaillé pour son pays, tandis que ses successeurs ne se préoccupaient que de garder leur place. Ils ont eu plus de chance, tandis que Pitt n'a pas eu un instant de succès ou d'encouragement pour le réconforter. [...] Un jour, j'ai demandé à Pitt s'il ne regrettait pas d'avoir nommé tant de lords. Il m'a répondu que si c'était à refaire, il ne le ferait pas, mais il était dans une telle situation que c'était pour lui un moyen d'éviter une révolution en Angleterre et d'empêcher que le pays devienne une province de la France. D'ailleurs, au moment de sa mort, il s'écriait encore : "Oh quelle époque ! Oh mon pays !" » Elle brosse affectueusement le portrait d'un homme d'exception qui avait pourtant un physique banal et un esprit volontiers rêveur : « Si vous l'aviez croisé se promenant dans le parc, vous l'auriez pris pour un poète. Il était grand, mince, plutôt maladroit. Il regardait toujours en l'air, comme si ses idées venaient d'en haut et ne remarquait pas ce qui se passait autour de lui. »

Quand elle n'évoque pas le passé, Hester emporte Meryon vers les étoiles : elle lui parle d'astrologie, de chiromancie, de serpents à tête humaine, de juments sacrées. Il est subjugué. « Elle l'avait caressé, flatté, mystifié, insulté, prêché, consolé, confessé, complimenté et régalé, si bien qu'il ne savait plus du tout où il en était[1] », écrit un journaliste qui commente la sortie du journal de voyage du docteur Meryon, publié en 1845.

On peut comprendre les réticences de Mme Meryon à rester au Liban : non seulement son mari part dès le matin et reste jusqu'à tard le soir chez Lady Hester,

1. Philarète Chasles, *Revue des Deux Mondes*, 1845.

mais la région est à feu et à sang. Ibrahim Pacha et ses soldats – Égyptiens, Albanais, et de nombreux mercenaires – font maintenant le siège de Saïda. Il a bouclé les portes de la ville pour pouvoir faire des razzias à la sortie des mosquées et des cafés. Il veut enrôler tous les jeunes hommes. Nombre d'entre eux réussissent à s'enfuir et à se cacher dans la montagne. Les assaillants s'en prennent alors aux pères, aux mères victimes des pires tortures et exactions. Beaucoup se réfugient une fois de plus dans la forteresse de Joun car ils savent qu'elle ne sera jamais attaquée. Un jour, deux des plus proches servantes d'Hester, Fatoum et Saada, qui vivent à ses côtés depuis leur enfance, viennent la supplier de faire chercher et d'accueillir leurs frères qui se cachent pour échapper aux soldats d'Ibrahim Pacha. Hester répond : « Je ne ferai rien de contraire aux lois de ce pays. » Mais quelques jours plus tard, elle raconte à tout le monde qu'elle a fait un rêve, deux fois de suite : elle a vu où se cachaient les jeunes hommes. Elle envoie donc quelqu'un les chercher pour les ramener. C'étaient bien les frères de Fatoum et Saada. Cette anecdote illustre la manière « orientale » qu'a adoptée Hester d'apporter une réponse à un problème : elle sait bien que braver frontalement ses ennemis ne peut lui attirer que des ennuis, mais à un rêve, personne n'osera jamais s'opposer.

Déréliction

Décembre 1837. C'est l'hiver dans la montagne libanaise. Il pleut beaucoup et, parfois, la neige tombe. La forteresse de Joun, au sommet de son pic rocheux, ressemble à un château fantôme avec ses murailles écroulées par endroits, ses jardins abandonnés couverts de neige. Le lieu était austère. Il devient sinistre.

Pourtant, tous les matins, Charles Meryon entreprend l'ascension du chemin caillouteux sur lequel trébuche souvent son âne. Emmitouflé dans un burnous de laine blanc, il disparaît dans la tempête de neige. Quand il arrive enfin, il trouve Hester en larmes. « Ne m'abandonnez pas, docteur ! » Pour la première fois, son orgueil et son self-control cèdent devant la douleur. Elle tousse énormément. S'étouffe. Elle peut à peine parler. C'est un bloc de souffrance, toux et larmes mêlées. « Je me sens à la porte de la mort, et je ne trouve rien pour me soulager. »

Son souffle est court, elle est très pâle, sa peau est sèche. Elle divague, tient des propos incompréhensibles. Puis se ressaisit. « Ce qui me blesse le plus, c'est l'ingratitude des hommes. Je leur dis pourtant : "Vous êtes dans les ténèbres, je vous apporte la lumière ! Si j'ai échoué, ce n'est pas ma faute. Je ne suis qu'un misérable ver, un pauvre être entre les mains de

Dieu." » Meryon, bouleversé, éclate en sanglots lui aussi.

On lui apporte une tasse de café blanc à la fleur d'oranger. Quand Hester, calmée, manifeste le désir de sortir dans le jardin pour la première fois depuis des semaines, elle demande au docteur de surveiller ses servantes pendant qu'elles rangent sa chambre de malade. Toujours sa peur maladive d'être dépouillée de tout ce qui lui reste. Meryon découvre, effaré, un désordre indescriptible : « Papiers, aliments, morceaux de tissu jonchaient le sol sale et poussiéreux que traversait parfois un rat. Elle avait une toux chronique, très violente. Elle se faisait faire des saignées quatre ou cinq fois par an. Ne mangeait que des fruits et du lait. Elle était totalement anémiée. Elle ne prenait plus aucun exercice physique, sortant rarement, seulement pour aller voir ses fleurs. »

Le soir du Nouvel An, Lady Hester se lève, s'habille et décide d'aller au salon, mais il est vide. Son sofa a été enlevé et les coussins et chaises des invités, empilés. Elle n'a rien pour s'asseoir. Sa hantise d'être dépouillée est justifiée. Meryon arrive comme chaque soir. Mais ce soir, Hester n'a d'autre endroit que sa chambre de malade pour accueillir le fidèle docteur. « Le soir du Nouvel An, dans la maison de mon père, il y avait cent invités et serviteurs assis autour d'un bon repas, ils dansaient et se souhaitaient la bonne année. Je revois leurs visages joyeux maintenant devant mes yeux. Quand je pense à cela, et que je me vois enfermée ici, c'est trop pour moi. Quand vous m'avez quittée ce matin, ces souvenirs anciens me sont revenus. Je ne peux plus supporter d'être assise ici et je suis sortie pour casser l'enchaînement de mes pensées. Je voulais aller dans le jardin, mais il pleuvait… Me voici abandonnée et oubliée ici, sans personne de ma famille près de moi à l'heure de ma mort. »

Rançon de tant d'années où elle a ignoré et défié sa famille : elle n'a jamais répondu aux lettres de ses sœurs, a coupé toute relation avec ses amis en Angleterre et cache à tous sa maladie. Seul Meryon est dans le secret, avec l'interdiction d'en parler à sa femme car elle imagine que si sa maladie était connue, les créanciers se précipiteraient « alors que je n'ai pas même la possibilité de leur donner un morceau de pain ».

Blessée mais pas vaincue

En effet, les créanciers affluent de tous bords. Fin janvier 1838, un émissaire du consulat britannique pour l'Égypte et la Syrie, le colonel Campbell, lui apporte une lettre qui doit lui être remise en main propre. « C'est mon héritage ! » se réjouit-elle. Elle se croit sauvée. Bien au contraire ! Il s'agit d'une injonction de payer les sommes considérables qu'elle a empruntées depuis plus de dix ans. L'un de ses créanciers réclame la somme de cinq mille deux cents livres. Il s'est adressé au consul qui a transféré sa plainte au gouvernement britannique. Pire, comme les appels à régler ses dettes envoyés précédemment sont restés sans réponse, le consul lui annonce que la pension que lui octroie le gouvernement britannique depuis la mort de William Pitt est suspendue !

Calme apparent. Froide détermination. Blessée au cœur, mais jamais vaincue, Hester décide d'écrire à la reine Victoria en personne, qui est montée sur le trône quelques mois auparavant, en juin 1837, à l'âge de dix-huit ans. A-t-on oublié qui elle est ? Une Stanhope, parente des deux plus célèbres Premiers ministres d'Angleterre ! Une famille qui a consacré sa vie à son pays ! Mais ce pays, cette famille, Lady Hester les a reniés depuis longtemps.

Voici ce qu'elle écrit à la reine Victoria le 12 février 1838 : « Madame, Votre Majesté me permettra de lui dire que rien n'est plus déshonorant pour une souveraine, plus nuisible au prestige du trône qu'un ordre délivré sans examen et portant atteinte à l'intégrité d'une famille qui a toujours fidèlement servi son pays… Aucune enquête n'ayant été faite en vue de connaître les circonstances qui ont entraîné les dettes dont on me parle, j'estime inutile de m'en expliquer. Mais je ne permettrai pas qu'une pension accordée par votre auguste grand-père soit suspendue par contrainte. Je l'abandonnerai de mon gré pour le paiement de mes dettes en même temps que ma qualité de sujet britannique et les obligations que cela implique. Votre Majesté ayant donné de la publicité à cette affaire par l'intermédiaire de ses consuls, je ne saurais être blâmée de suivre son royal exemple. »

Elle double cette lettre d'une seconde, destinée à un ami, ancien ministre des Affaires étrangères, le duc de Wellington, justifiant sa démarche : « Il convient d'évaluer les dépenses auxquelles j'ai pu être exposée dans un pays où les révolutions, les petites guerres se déroulent dans la plus grande indifférence pour les victimes, alors que la plus stricte humanité fait un devoir d'alléger leurs souffrances. Après un siège de sept mois pendant lequel sept mille boulets de canon par jour écrasèrent la malheureuse petite cité d'Acre, défendue par à peine deux cents hommes, les survivants restèrent privés de tout secours. C'est pourquoi je m'efforçai d'adoucir leurs malheurs, tandis qu'Ibrahim Pacha me demandait de lui livrer certaines personnes qui s'étaient réfugiées chez moi. Si je lui avais obéi, ils auraient risqué leur tête. Je refusai, en disant que si je les protégeais, ce n'était ni au nom de l'Angleterre, ni au nom de la France, mais en mon nom seul, et que je ne les remettrais pas au prix de ma propre vie. C'est ainsi que j'ai sauvé de nombreux malheureux qui ont pu par la suite rentrer dans leurs foyers. Peut-on me blâmer pour cela ? Je les ai nourris pendant au moins deux années, ainsi que les femmes, les orphelins, avec l'argent qu'il me restait. Voilà d'où viennent mes dettes. Quelle faute y a-t-il à cela ? Votre reine n'aurait pas dû se mêler de mes affaires ! Elle permet qu'on saisisse ma pension. Je me vois donc forcée d'abandonner mon statut de sujet britannique alors qu'aucune famille n'a servi le pays et la couronne mieux que la mienne. Je ne suis pas disposée à être traitée avec moins d'égards qu'un voleur de grand chemin !... » Et elle conclut cette longue lettre avec son panache habituel : « Personne d'autre que vous n'est capable de faire comprendre à la reine qu'une Pitt appartient à une race unique avec laquelle on ne plaisante pas ! »

Loin des ors de l'aristocratie anglaise, la situation du château de Joun ne cesse de se dégrader. Le plafond du salon s'est effondré sous la pluie. Il est soutenu par deux troncs d'arbre. Dans sa chambre, un tronc de peuplier remplit le même office. Meryon constate que toute la maison est de plus en plus sale car dans les chambres, les greniers, les remises, les jardins, des dizaines, peut-être des centaines de chats ont élu domicile. Hester interdit qu'on les chasse ou qu'on les gronde, « si bien qu'on ne pouvait rien laisser sur une table sans qu'une douzaine de chats se précipitent pour attraper ce qu'on avait oublié. Mais ce n'était rien, écrit Meryon, comparé aux cris et miaulements des animaux quand ils se battaient ou copulaient nuit et jour ».

Outre son combat pour récupérer sa pension, Lady Hester est préoccupée par la situation dans la montagne libanaise. Les troupes d'Ibrahim Pacha ne cessent d'avancer. Ils viennent d'Acre, de Tripoli, de Damas et de Baalbek qui sont déjà tombés. Elle encourage les druzes à résister, mais c'est l'époque des moissons, les villageois sont aux champs et les Égyptiens d'Ibrahim Pacha prennent possession de la région druze et du Mont-Liban sans qu'un coup de feu ait été tiré. Les soldats égyptiens arrivent au palais de l'émir Béchir, « connu pour être le plus grand hypocrite et perfide de tous les temps » d'après Meryon. L'émir fait semblant d'être une victime, en réalité, il s'est arrangé en secret avec Ibrahim Pacha… Les druzes comprendront trop tard qu'ils ont été trahis par leur émir qui ne dit rien quand Ibrahim Pacha leur impose la conscription.

Un prince à Joun

Dans cette période de grandes tensions, un courrier rend la joie et l'énergie à Hester : un prince allemand lui écrit pour lui demander un rendez-vous. Le prince Pückler-Muskau est un ancien officier engagé dans les armées de la coalition contre Napoléon, il est divorcé, riche et passionné par la civilisation arabe, dont il adopte volontiers les vêtements. Comme toute l'intelligentsia européenne, il accomplit à cinquante ans son « voyage en Orient ». Il adresse à Lady Stanhope un message rédigé en français : « D'après ce que j'ai entendu dire de vous, Madame, il doit régner quelques affinités entre nos caractères : comme vous, my Lady, je ne cherche notre salut futur que dans l'Orient... comme vous, je crois que l'astrologie n'est pas une vaine science mais une science perdue... comme vous, j'aime à veiller la nuit et dormir le jour, j'admire le génie, la force de caractère, la vie grande et singulière que vous avez menée, ne ressemble pas à Lady Stanhope qui veut. » Comme elle, il cherche à fuir « la civilisation pourrie de la vieille Europe où tout est factice et qui nous menace sous peu d'un nouveau genre de barbarie, non pas celle du commencement, mais celle de la fin ».

Voilà le style de lettre qui redonne de l'énergie à Hester ! Pourtant, elle refuse la rencontre, prétextant sa santé précaire et sa grande fatigue. Il réécrit. Nouveau refus. Alors le prince décide de lui écrire chaque jour. Elle lui répond qu'il est fou. Mais consentira à le recevoir, uniquement pour être débarrassée de lui, et lui fixe un rendez-vous pour le dimanche suivant. Non, une entrevue contrainte n'intéresse pas le prince. Il veut qu'elle *désire* le voir et répond que dimanche, c'est tout à fait impossible car il n'est pas disponible.

C'est Charles Meryon qui écrit au prince sous la dictée fébrile d'Hester, le soir et la nuit bien sûr. Alors que le médecin travaille à ses côtés jusqu'à deux heures du matin, elle le regarde, émue : « Allez vous coucher ! Je vous sais gré de faire des copies de toutes ces longues lettres que j'écris au prince. J'espère qu'un jour, j'aurai la possibilité de vous remercier. Bonne nuit ! »

Après avoir longuement résisté, Hester finit par céder à la demande du prince, intriguée par tant d'obstination : « Votre but est-il de venir ici pour vous moquer d'une pauvre créature qui n'a plus que la peau sur les os à cause de la maladie, qui a presque perdu la vue et toutes ses dents ? Ou bien pour entendre la véritable philosophie ?... Si vous acceptez de différer votre visite d'une dizaine de jours, je vous recevrai, même si je ne vais pas mieux... Je préférerais que vous veniez un lundi ou un jeudi, en fonction des calculs que j'ai faits sur votre étoile et votre personnalité. » Le rendez-vous est fixé au 15 avril 1838. C'est un dimanche.

Charles Meryon constate, stupéfait, que la santé d'Hester s'améliore instantanément. Pour retrouver des forces avant l'arrivée du prince, elle décrète qu'un « grand corps comme le sien doit se nourrir substantiellement ». Elle se met à manger des boulettes de viande, des tartes, du poulet et, pour calmer ses crises de toux, avale des cuillérées de vin et de tisane.

À Joun, c'est le branle-bas de combat pour accueillir ce prestigieux invité : Hester emprunte encore de fortes sommes, sort ses plus beaux tissus, achète de nouvelles nappes, ordonne le nettoyage du jardin et des allées, fait repeindre les portes. Tous les employés sont mis à contribution pour donner une bonne image de la résidence de Lady Stanhope.

Dans une malle, un gros sac contenant de la literie est déchargé. Une chambre est aménagée, avec une table, une écritoire, de l'encre et du papier. Peu importent les dépenses supplémentaires ! Pas question de réduire le nombre de serviteurs. Pas moins de trente-cinq personnes travaillent pour Lady Hester, là où quatre ou cinq personnes auraient suffi en Angleterre, s'étonne Meryon. À quoi elle répond : « Comment pourrais-je les renvoyer maintenant avec ce qui se passe ici ? Ils seraient immédiatement conscrits dans l'armée d'Ibrahim Pacha et je me reprocherais leurs malheurs. » Le docteur sert d'intermédiaire entre milady et le personnel de Joun.

Dans une mise en scène théâtrale, Hester a aménagé, au bout d'un long couloir, une alcôve toute blanche, avec un sofa couvert de coussins de soie sur laquelle elle est étendue dans une *aba* blanche, avec de grandes manches. « Elle ressemblait ainsi à une statue romaine », commente Meryon, toujours admiratif.

Enfin le prince arrive, accompagné d'importants bagages : pas moins de treize mules avec chacune leur palefrenier. « Quel bel homme, dit Hester à son médecin, figurez-vous qu'il écrit sans lunettes, alors qu'il est plus vieux que vous ! »

Le prince Pückler-Muskau a lui aussi raconté son « voyage en Orient ». Il décrit le château de Joun comme un dédale de maisonnettes reliées entre elles par des passages couverts. Une architecture très intéressante qui permet à chaque habitant une grande autonomie, tout en logeant beaucoup de monde dans une sorte de communauté. Il est conduit à travers un long couloir jusqu'à l'alcôve blanche fermée par un rideau rouge. Son cœur bat. La légende d'Hester étant répandue dans tout le Moyen-Orient, il imagine qu'il va découvrir un décor digne des *Mille et Une Nuits*. C'est l'inverse. Il se trouve dans une toute petite pièce, meublée simplement d'un sofa et d'une chaise anglaise. La reine de Palmyre, la princesse du désert, la « *sitt inglese* », est là. Elle le salue avec une grâce particulière où se mêlent les bonnes manières anglaises et le charme de l'hospitalité orientale. On apporte du café et des pipes. Six ans après Lamartine, il est frappé par l'aplomb et l'autorité qui émanent de son hôtesse : « Elle portait une robe très simple, un turban rouge, un burnous blanc par-dessus un pantalon de soie turc. [...] Ses traits réguliers et pâles, ses yeux noirs au regard perçant, sa voix grave, produisaient sur moi un effet imposant et frappant, sans qu'elle ait une ombre d'affectation. Bien au contraire : personne ne pouvait être plus naturelle qu'elle. Elle avait un tempérament autoritaire, masculin, qui désarmait toute espèce de prétention. »

Elle prévient la surprise du prince en précisant que depuis son revers de fortune, elle vit comme un derviche, sans le moindre luxe. « Plus je vieillis, moins j'ai de besoins, grâce à Dieu ! Je ne cherche qu'à me rapprocher de la nature, d'où la civilisation nous a trop éloignés. Mes roses sont mes joyaux. Le soleil, la lune et les étoiles, mes horloges, les fruits et l'eau, ma nourriture. Maintenant que je vous vois (car je connais la langue des étoiles et des plantes, et celle des visages humains), je sais que vous êtes un épicurien. Comment allez-vous supporter cette vie ascétique pendant huit jours ? »

Lady Hester et le prince se rencontrent deux fois par jour et elle prend vite l'ascendant sur lui, observe Meryon. « Tous ceux qui gravitaient autour d'elle subissaient son attraction. Elle jouait la reine, plus que jamais. Malheur à celui qui voulait se mesurer à elle ! »

Toutes les nuits, ils passent six à huit heures à converser. Elle lui raconte ses aventures en Grèce, en Turquie, et bien sûr à Palmyre. « Je n'ai jamais ressenti la moindre fatigue, le moindre ennui, écrit le prince. Je pourrais remplir des volumes avec nos conversations et après chacune d'elles, je me sentais de plus en plus attiré par cette femme extraordinaire, qui combinait un tempérament de fer à une croyance enfantine au merveilleux. Sa profonde connaissance des hommes et du monde était empreinte d'une naïveté que je n'ai trouvée que chez de très jeunes filles. »

Ils s'accordent sur de nombreux sujets, comme sa lettre le laissait entrevoir. Lui aussi a le privilège de connaître les deux juments sacrées. Quand Meryon le conduit aux écuries pour les lui montrer, il les trouve très belles, bien qu'un peu trop grosses par manque d'exercice, mais affirme en voyant la jument née « toute sellée » que cela n'a rien de miraculeux, qu'il s'agit d'une déformation naturelle. Quand il retourne aux écuries avec Hester, Laïla, la jument qui selon Hester portera le Messie, lèche la main du prince qui la caresse. « Pour elle, c'était un signe. J'étais élu, et elle ne cessa de vouloir me convertir à sa vision des choses ! »

Le prince comme tous les visiteurs croit à une certaine bizarrerie de son hôtesse, ne la contredit pas, la flatte comme tous les autres, mais Hester n'est pas dupe. « Maintenant, dites-moi, docteur, ce que le prince dit de moi. Parce que, voyez-vous, quand ils veulent venir me voir, ils ont tous un discours bien préparé, de sorte qu'ils peuvent écrire ce qu'ils ont vécu dans leur livre, mais je voudrais que vous me disiez comment il est dans la vie courante, par exemple quand il a rendu visite à votre famille. Quel genre de discours tient-il ? » Mais Charles Meryon, discret et soucieux de préserver la paix, ne répond pas.

Pendant le séjour du prince, Hester a oublié ses soucis, mais quand il quitte Joun au bout de dix jours, elle se retrouve face à sa situation inquiétante. Son énergie stupéfie le docteur à qui elle explique : « Quand le tonnerre gronde, mon cœur bat comme des balles de fusil. À ces moments-là, si je rencontrais mille ennemis, je leur tiendrais tête à tous ! Quand l'orage est passé, mon pouls redevient normal et calme de nouveau. »

Elle se bat sans relâche, alerte tous ceux qu'elle connaît en Angleterre sur sa situation désespérée, sans sa pension, sans aucun revenu. Pourtant, elle continue d'aider ceux qui sont dans la détresse. À la fin du mois de mai 1838, un groupe de pèlerins allemands se trouve en quarantaine près de Saïda car plusieurs d'entre eux ont contracté la peste et deux sont morts. Quand Hester apprend qu'ils logent sous des tentes sur la plage, gardés par des soldats, elle leur envoie des vivres : des fruits et des légumes, du pain et du vin, du sirop de rose et du shampoing. Elle ajoute un message leur précisant que s'ils ont besoin de médicaments ou de quoi que ce soit d'autre, elle s'efforcera de les soulager. « Du reste, précise-t-elle, je n'ai pas peur de la peste ni des personnes qui en sont affectées. »

Le dernier combat

C'est à ce moment-là qu'elle reçoit la réponse du ministre des Affaires étrangères britannique. Lord Palmerston répond à la lettre qu'elle avait adressée à la reine et, sans tenir compte des arguments de Lady Stanhope, se range derrière la loi. Réponse cinglante d'Hester : « Milord, si vos dépêches diplomatiques sont aussi obscures que la lettre dont vous m'avez gratifiée, il n'est pas surprenant que l'Angleterre, dans ses relations internationales, ait perdu la fière prépondérance dont elle s'enorgueillissait ! [...] Il n'y a pas à plaisanter avec le sang des Pitt quand il s'agit d'intégrité ou à penser qu'ils pourraient se plier un jour à l'impertinence de l'autorité consulaire. »

Son dernier recours : alerter la presse. Elle a demandé au prince Pückler-Muskau de bien vouloir rendre publics les lettres qu'elle avait adressées aux autorités britanniques, pensant émouvoir l'opinion publique de son pays. Le prince avait promis, mais elle est sans nouvelles de lui depuis des mois. Elle guette le bateau à vapeur qui doit accoster Beyrouth avec le courrier – le modèle de navire que son père avait imaginé, entraînant les sarcasmes de ses pairs. Toujours aucun courrier venant d'Europe. Meryon lui annonce la mauvaise nouvelle. Elle est couchée.

Elle se retourne vers lui : « Oh Docteur, le sort est jeté. Le plus tôt vous partirez vous-même, le mieux ce sera ! Je n'ai pas un sou. Je vais écrire d'autres lettres. Vous les porterez vous-même à Londres. Après quoi je fermerai ma maison, et ne garderai qu'un garçon et une fille pour s'occuper de moi. Ne me dites rien ! Mais demandez à votre famille de préparer ses bagages pour partir dans une quinzaine de jours. Peut-être que le prince, malgré ses promesses, n'a jamais rien envoyé en Europe. Il avait juré que dans trois mois, les journaux seraient au courant. Comment voulez-vous que j'aie confiance en quiconque ? »

Meryon est ébranlé par la décision de sa milady. Le lendemain, il ne monte pas au château. Hester est très déprimée, mais, pour la connaître depuis vingt-huit ans, il sait que sa dépression ne dure jamais très longtemps. Quand il revient près d'elle, elle a réfléchi à quelques lieux en Angleterre où elle lui conseille de s'installer pour prendre du repos car il vieillit (il a sept ans de moins qu'elle) : Bath, Clifton, par exemple. Mais avant de prendre sa retraite, il a pour mission d'alerter la presse sur la situation de Lady Stanhope. Elle avait prévu que le prince pouvait perdre ses lettres ou faire naufrage comme elle autrefois. Elle a pris ses précautions et fait faire, comme à son habitude (le plus souvent par Meryon lui-même), des copies de tout le courrier qu'elle a remis au prince. Tous ses espoirs reposent maintenant sur le docteur. Elle sait qu'elle peut compter sur lui. Celui qui connaît si bien Hester est bouleversé car il sait qu'il ne la reverra plus. Elle le rassure : il n'est pas question pour elle de mourir avant de voir ses ennemis confondus, ses dettes payées, ses revenus retrouvés, et… le triomphe du sultan, qu'elle soutient depuis son installation en Syrie envers et contre tous. « J'ai une santé inébranlable, déclare-t-elle au docteur qui la soigne depuis des années. Mes frères ne sont pas morts dans leur lit. Je ne le ferai pas non plus ! »

Eugenia Meryon est heureuse de quitter Joun. Le contact n'est jamais passé entre elle et Hester qui l'a ignorée pendant son séjour. La peste rôde toujours dans la région, la guerre civile enflamme de nouveau la montagne libanaise : Ibrahim Pacha monte à l'assaut de la montagne druze avec quarante-cinq mille soldats, les druzes ne sont que sept mille mais chacun d'eux vaut vingt combattants, écrit Hester à un ami. Les Égyptiens d'Ibrahim Pacha perdent des milliers d'hommes – ils abandonnent les blessés sur le champ de bataille –, tandis que les druzes ne sont plus que deux mille cinq cents. Pris entre deux feux, de nombreux chrétiens sont tués, mais les druzes les épargnent en leur disant : « Nous pourrions vous exterminer, mais nous avons toujours vécu côte à côte en bons termes. Mais si nous surprenons un seul chrétien en armes, nous vous massacrerons tous[2]. »

Cette situation explosive convainc le fidèle Meryon de quitter le Mont-Liban qu'il adore. Hester, galvanisée par les obstacles, va mieux. Sa toux s'est calmée. La fièvre a disparu, sa santé s'améliore avec le retour du printemps et de l'été. « Elle est sauvée pour cette année, écrit Meryon dans son journal. Ce qui pourrait arriver est entre les mains de Dieu. »

Le 6 août 1838, Charles Meryon quitte Lady Hester. « Je pars demain, lui dit-il. Je ne vous reverrai pas. » Il lui offre deux mille piastres qu'elle accepte et qu'elle remboursera avant de mourir. Alors que la famille Meryon se dirige à cheval vers Saïda, un messager les rattrape. Il apporte de la part de Lady Hester un petit tapis turc à mettre sur le sol de leur cabine pour plus de confort pendant le voyage. Eugenia Meryon et sa fille, qui n'ont jamais rencontré Hester pendant les quinze mois de leur séjour au Liban, éclatent en sanglots. Charles sait que la porte du château de Joun sera bouchée, laissant juste un passage pour une vache, comme le lui a annoncé Hester, qui veut rester seule, emmurée, jusqu'à sa mort. Elle s'est constituée elle-même « prisonnière volontaire ».

2. Cité par Lady Hester Stanhope dans une lettre au duc Maximilien de Bavière, la dernière lettre dictée à Charles Meryon avant le départ de celui-ci.

Arrivé en Angleterre, il regrette de l'avoir abandonnée sans ressources et seule. Elle lui répondra : « Ne vous reprochez pas de m'avoir quittée. La décision ne vous appartenait pas ! »

Hester est presque aveugle (elle ne supporte pas les lunettes qui lui donnent mal à la tête). Il n'y a maintenant plus personne pour lire à haute voix. Plus personne pour écrire ses lettres sous sa dictée. Plus personne pour parler anglais, ni pour lui tenir compagnie pendant ses longues nuits sans sommeil. Pourtant, un certain M. lui offre ses services, gratuitement. Il propose de s'occuper de la maison, de l'aider pour son courrier, écrira-t-elle à Meryon. « Comme il n'accepte aucun salaire, je suis obligée de refuser. » C'est dire le prestige dont jouit encore Lady Stanhope !

Une fois à Londres, Meryon contacte la presse pour l'informer de la situation de Lady Stanhope et publie une partie de sa correspondance avec la reine et le gouvernement au sujet de sa pension. Le résultat n'est pas celui escompté. La presse ne s'intéresse pas au sort de celle qui a renié son pays il y a trente ans. Seul un vieil ami d'Hester, William Napier, lui apporte publiquement son soutien en écrivant au journal *The Times* combien « grande était son influence parmi les tribus arabes qu'elle aurait pu attirer utilement dans le giron britannique ». Hester le remercie : « Mon crime, c'est l'indépendance. Je ne suis pas en bonne santé mais le moral est bon. J'ai fait je le crois mon devoir envers Dieu, envers les hommes et même envers les animaux. Il est vraiment étrange qu'on se soit jeté sur une pauvre femme pour la torturer alors que tant de femmes du monde dépensent sans compter des fortunes en fanfreluches et s'endettent sans aucune raison valable. Mais tout est écrit. Suis-je humiliée ? Non ! Personne ne peut m'humilier ! Je suis une misérable chose même à mes propres yeux, mais qui se transforme en géant devant Palmerston et sa bande. »

Le 27 novembre 1838, *The Times* publie un article qui défend Lady Hester, soulignant son courage, sa générosité. Le journal estime que la nièce et la collaboratrice d'un ancien Premier ministre a droit au respect et qu'il convient de lui épargner « l'opportunisme de Lord Palmerston ».

Une semaine plus tard, le 6 décembre, le gouvernement cède aux instances de Lady Hester et la saisie de sa pension est levée, sans toutefois qu'on lui accorde l'arriéré d'une année.

En février 1839, Lady Stanhope n'a toujours pas reçu d'argent d'Angleterre. Sa pension n'est pas versée tant que ses emprunts de près de dix mille livres ne sont pas remboursés – situation rendue inextricable par l'absence et l'éloignement de la principale intéressée. L'un de ses amis, Lord Hardwicke, essaie de démêler à distance l'écheveau de ses dettes mais il faudrait qu'elle rentre en Europe. « Jamais ! Il faudrait m'enchaîner pour que je rentre en Angleterre ! » répète-t-elle sans relâche dans une lettre-testament. « J'ai fait ce que j'ai pensé être mon devoir, le devoir de chacun d'entre nous, quelle que soit sa religion. Je ne me reproche rien si ce n'est d'être allée un peu trop loin. Mais telle est ma nature[3]. »

Le dernier message d'Hester à Charles Meryon est encore plein de colère et de désespoir : « Les mots ne sont rien. Les cœurs des hommes doivent être lavés de toutes leurs inutilités… Si le sauvage nu n'est pas placé plus haut par le Tout-Puissant que les lords policés, les pédants, les gentlemen comme ils s'appellent, et qui n'ont ni conscience ni talent, seulement de l'argent, alors je n'aurai rien compris. »

Deux semaines après avoir rédigé cette lettre, Lady Hester Stanhope meurt à Joun, le 23 juin 1839. Elle venait d'avoir soixante-trois ans.

Une morte embarrassante

Le consul britannique Moore, en poste à Beyrouth, annonce la nouvelle à Philip Henry Stanhope, le frère aîné d'Hester. Le consul demande à un missionnaire américain, le révérend Thomson, qui ne connais-

3. Hester Stanhope à Lord Hardwicke, 6 juin 1839.

sait pas Hester, de l'accompagner afin d'inhumer la défunte et d'organiser ses funérailles.

Le consul et le missionnaire quittent Beyrouth à cheval pour Joun. Ils arrivent à minuit, le château en ruines apparaît sous la lune au sommet de son pic rocheux. Ils traversent les cours et corridors où résonnent les hurlements du peuple des chats, jusqu'à la chambre de la morte. Ils prennent la décision de la mettre rapidement dans un cercueil car la chaleur écrasante du mois de juin risque d'accélérer la décomposition du corps. Pour son enterrement, Hester a laissé des instructions précises : elle veut être inhumée dans son jardin, parmi ses roses. Elle a choisi l'emplacement, y a fait creuser un caveau. Au-dessus, un pavillon de fer forgé couvert de rosiers en fleurs.

Le consul interroge des servantes encore présentes pour compléter le rapport qu'il adressera à Lord Stanhope. Trois jours avant de mourir, l'état de Lady Hester a empiré. Du début à la fin, elle a refusé toute assistance médicale. On ne sait pas qui était près d'elle. Probablement personne, car sa petite protégée Fatoum était décédée quelques semaines avant. Les servantes diront que la veille de sa mort, elle a prédit que le lendemain, elle ne serait plus là. Elles affirment que jusqu'à son dernier souffle, elle a été parfaitement consciente. Moore décrit dans son rapport que le visage de la morte est reposé et placide, ne montrant aucune trace de souffrance.

Il faut inhumer le corps immédiatement. Il est minuit passé. La cérémonie commence, racontée par le pasteur Thomson qui, de sa vie, n'a jamais vu pareille scène. À la lueur des chandelles et des lanternes, les serviteurs et servantes de Lady Hester revenus au château portent le cercueil à travers les sentiers tortueux du jardin. Ils arrivent devant le pavillon funéraire où Hester a déjà fait enterrer son ami, le jeune capitaine Loustaunau. Son père, général et « prophète », mourra un an après Hester. Le révérend Thomson traîne un peu à l'arrière, profitant de la fraîcheur des jardins parfumés en cette nuit d'été. Quand il arrive devant le caveau, il découvre un spectacle hallucinant et macabre : le squelette du capitaine Loustaunau a été exhumé, et dans les orbites creuses de sa tête, on a coincé deux bougies. « Difficile pour moi de célébrer l'office religieux dans ces circonstances si ahurissantes », écrit le missionnaire qui récite rapidement quelques prières selon le rite de l'Église anglicane. Le cercueil est recouvert du drapeau anglais et le caveau est prestement refermé avec les deux cadavres. « En silence, dans la montagne lointaine, à minuit, à la lueur de nos lanternes, le drapeau de son pays étendu sur elle, elle repose comme un guerrier et nous, nous l'avons laissée, seule, dans sa gloire[4]. »

4. William C. Thomson, *The Land and the Book*, New York, Harper, 1859.

Le consul rassemble les lettres et différents papiers qu'il trouve dans la chambre d'Hester. Il mandate le représentant britannique à Saïda afin qu'il procède à l'inventaire des biens de la défunte, après avoir scellé le château pour éviter les vols. Il dénombre trente-cinq pièces dans la demeure. « Une pièce est remplie de quarante ou cinquante jarres d'huile de facture française, vieilles, vides et poussiéreuses. Une autre salle contient quantité de selles arabes, une autre est remplie d'herbes médicinales, une autre de pipes hors d'usage, une de livres et de papiers entassés dans des coffres. Rien de grande valeur. Lady Hester ne possédait aucun bijou ni aucun meuble précieux. La foule des serviteurs et des créanciers avait déjà vidé ce qui avait une valeur quelconque[5]. »

Les derniers effets sont vendus sur place pour payer les gages des domestiques. « Que dois-je faire des chevaux ? » demande le consul à Philip Stanhope. La pension retenue par le gouvernement britannique paiera les créances. Trois boîtes contiennent des lettres et des papiers, dont un testament rédigé en 1807 avant de quitter l'Angleterre, dans lequel Hester léguait son héritage maternel à ses frères Charles et James, tous deux décédés. Elle prévoyait une somme de cinq cents livres sterling pour Elizabeth Williams, morte elle aussi. Un pendentif de perles contenant un cheveu de

5. *Ibid.*

William Pitt est légué à la duchesse de Richmond, etc. Tous ses légataires étaient morts avant elle.

Dans le village, les histoires sur les extravagances de Lady Hester vont bon train, la légende se construit et le révérend Thomson y apporte sa pierre, ajoutant sa propre fascination à celle des villageois : « Elle avait l'audace d'un lion et menait à la baguette ses gardes albanais. Elle avait des espions partout et savait ce qui se passait aussi bien dans les palais des émirs que dans ceux des pachas. Malgré les difficultés du site et l'absence d'eau qui était apportée à dos de mules, elle avait transformé cette colline stérile en jardin sauvage et ombragé, un paradis de fleurs merveilleuses. J'ai rarement vu un endroit aussi beau[6]. »

6. *Ibid.*

Épilogue

Après la mort de Lady Hester, Charles Meryon s'est consacré à la rédaction et à la publication du journal qu'il a tenu pendant les vingt-huit années passées auprès d'elle. Ses mémoires paraissent en 1846, en trois volumes. Le texte a pour but de montrer le vrai visage d'Hester Stanhope, à travers de larges extraits de sa correspondance et le témoignage direct de celui qui l'a assistée, soignée, accompagnée, consolée et vénérée.

En effet, Lady Hester était déjà l'objet d'affabulations et d'incompréhension. On la disait folle car elle pratiquait l'astrologie et la divination. On la disait cruelle, on racontait qu'elle battait ses serviteurs, mais Charles Meryon est formel : il ne l'a jamais vue battre quiconque. En revanche, elle proférait cette menace pour se faire respecter. On la disait volage, lui prêtant quantité d'amants, alors qu'elle a vécu dans une grande solitude les vingt dernières années de sa vie. « Beaucoup d'étranges contes circulent, écrit Meryon à la fin de ses mémoires, ils n'ont pas d'autre fondement que les dires de pauvres diables qui, pour quelques piastres, peuvent affirmer n'importe quoi. »

« Mon objectif est de confirmer la réputation d'une femme persécutée, d'honorer sa mémoire car la plupart de ses actes ont été mal interprétés. En poursuivant ce but avec franchise et intégrité, j'aurai simplement rempli mon devoir, motivé par la dénonciation constante du traitement injuste des Anglais à son égard. Elle m'a souvent demandé de rétablir la vérité sur les circonstances de sa vie, en répétant autant que possible ses propres paroles. »

Charles Meryon a passé une grande partie de sa vie auprès d'une femme qu'il admirait et qu'il aimait. Dans ses livres, où il note les moindres détails de la vie quotidienne au jour le jour, il n'élude pas les crises autoritaires de sa milady, ni leurs différends, même si c'est un hommage fervent qu'il offre à la femme qui a marqué sa vie. « Il eût été impossible de trouver une amie plus sûre, un ennemi plus droit et généreux. Elle n'avait pas la moindre marque d'hypocrisie et suivait sa route, inébranlable, indifférente aux racontars, méprisant le ridicule, même s'il s'agissait d'une entreprise pareille à celle de Don Quichotte. »

Dix-huit ans après sa mort, le révérend Thomson, qui l'avait inhumée, est retourné sur les lieux de ses obsèques rocambolesques. Il est peiné de voir le jardin abandonné, ses treilles et ses allées ombragées détruites, ses arbres et ses innombrables rosiers coupés. À l'intérieur, même désolation. Aucune pièce n'est restée intacte. « Pas même un chien, un chat ou un lézard, pour rompre cette profonde solitude. » Le château appartenait à un riche chrétien de Damas, qui l'avait construit. Lady Hester y avait ajouté une vingtaine de pièces. Le fils du propriétaire en avait hérité, puis la femme de ce dernier. Elle avait vendu à la découpe les matériaux, pierres, bois et arbres.

Le révérend se rend sur la tombe de Lady Hester, mais là aussi, les pierres du pavillon ont été enlevées. Le caveau est recouvert de rosiers entrelacés. « Aucune inscription, aucun mot dans aucune langue. La dernière demeure de Lady Hester Stanhope sera bientôt perdue[1]. »

En 1895, la nièce de Lady Hester, Catherine, duchesse de Cleveland, fille de son frère Lord Philip Henry Stanhope, fit le voyage jusqu'à Joun. C'était pour elle un pèlerinage. Elle avait alors soixante-seize ans et avait compulsé les lettres et les témoignages sur la vie de sa tante dans un livre : *The Life and Letters of Lady Hester Stanhope*. La population de Joun avait doublé, mais les ruines étaient toujours là, au sommet de la colline. Les jardins et les terrasses avaient totalement disparu, le sol ayant été loué à un fermier qui avait tout labouré. Seuls restaient quelques oliviers et

1. *Ibid.*

orangers qu'Hester avait plantés. Catherine Cleveland fut émerveillée par la beauté grandiose du site dominant les vallées environnantes, entouré de sommets enneigés. Mais elle ne retrouva pas la sépulture de sa tante, ni la moindre trace de son pavillon funéraire.

Près du château d'Hester se dressait le monastère Saint-Sauveur, maison mère des religieux grecs melkites catholiques, construit à Joun en 1711. D'après le père Makarios, secrétaire général de l'Ordre basilien du Saint-Sauveur, le couvent avait fourni des provisions à Hester au plus fort de sa détresse matérielle. En 1912, les moines retrouvèrent le cercueil de Lady Stanhope, son corps était même en bon état de conservation plus de soixante-dix ans après sa mort. Le supérieur du monastère fit construire un caveau et poser une pierre tombale. Les restes de la « *sitt inglese* » reposèrent en paix jusqu'au tremblement de terre qui dévasta la région en mars 1956 et détruisit la sépulture dont on perd la trace pendant trente ans... Jusqu'à la guerre civile libanaise.

En août 1988 en effet, tandis que les combats entre milices rivales faisaient rage dans la région de Saïda, le Foreign Office de Grande-Bretagne reçut un télex provenant de miliciens druzes affirmant qu'ils étaient en possession de la dépouille de Lady Hester Stanhope. Ils ajoutèrent qu'ils avaient aussi découvert les ossements d'un homme. Il s'agissait du squelette du capitaine Loustaunau. Les miliciens espéraient tirer profit des restes d'une personnalité anglaise qui était légendaire au Liban. L'ambassadeur britannique accepta la dépouille et la fit enterrer en février 1989 dans le jardin de sa résidence à Abey, près de Beyrouth. Mais quelques années plus tard, la résidence d'Abey fut vendue. Il n'était pas possible de déménager sans emporter Lady Hester ! L'ambassadeur déclara avec un humour anglais qu'elle avait posé au gouvernement britannique autant de problèmes à titre posthume que de son vivant !

Le Foreign Office décida de l'exhumer une fois encore, d'opérer la crémation de ses restes et d'aller les disperser, avec l'accord de la famille Stanhope, sur les ruines de son ancien château à Joun, devenu la propriété du monastère Saint-Sauveur.

La cérémonie eut lieu le 23 juin 2004, jour anniversaire de la mort d'Hester cent soixante-cinq ans plus tôt, en présence du nouvel ambassadeur de Grande-Bretagne, James Watt, du maire de Joun, Roger Jawish, et de plusieurs moines du monastère Saint-Sauveur de Joun. Les drapeaux libanais et britanniques furent hissés en son honneur et ses cendres répandues sur le sol.

Mais le voyage de la dépouille d'Hester ne s'arrête pas là ! Une fois les officiels partis, les moines recueillirent les cendres, les déposèrent dans une urne et l'emportèrent au monastère où elle se trouve toujours. Le père Makarios explique ce geste : « Nous considérons qu'on ne peut pas laisser les cendres d'une personne, quelle qu'elle soit, se disperser aux quatre vents. Même si Lady Stanhope reste pour nous une personne spéciale, un peu mystérieuse, elle a été un personnage très important ici, nous la respectons et ses restes sont sacrés. »

Deux cents ans après sa vie romanesque, Hester Stanhope repose près des ruines de sa cité-jardin, balayées par l'air parfumé du Mont-Liban qu'elle a tant aimé, à l'ombre des oliviers qu'elle avait plantés et qui sont aujourd'hui toujours vivants.

Bibliographie

Toutes les citations extraites de la correspondance de Hester Stanhope sont traduites par l'auteur, et proviennent de trois sources :

Charles Lewis Meryon, *Travels of Lady Hester Stanhope, Forming the Completion of her Memoirs* [1846], 3 vol., Londres, Read Books, 2011.

Catherine Lucy Cleveland, *The Life and Letters of Lady Hester Stanhope by Her Niece* [1897], Londres, John Murray, 1914.

Ian Bruce, *The Nun of Lebanon. The Love Affair of Lady Hester Stanhope and Michael Bruce. Their Newly Discovered Letters*, Londres, Collins, 1951.

Jean Duhamel, *Un amour de Lady Stanhope*, Paris, Hachette, 1959.

Paule Henry-Bordeaux, *La Circé du désert*, Paris, Plon, 1926.

Alphonse de Lamartine, *Voyage en Orient*, Paris, 1835.

William C. Thomson, *The Land and the Book*, New York, Harper, 1859.

Paul Veyne, *Palmyre*, Paris, Albin Michel, 2015.

Table

Réalisation : Nord Compo à Villeneuve-d'Ascq
Dépôt légal : avril 2021
ISBN : 979-10-210-4111-0
Numéro d'édition : 4584
Imprimé en Italie